主 编：苏叔阳

副主编：赵中国

顾 问：梁希厚

撰稿人（按音序排列）：

曹国炳　范常元　郭文斌　梁希厚　廖可斌　倪　萍　秦佳凤

史欢欢　宋坤之　苏叔阳　孙君琪　张　冠　张冠宇　张　进

张丽钧　张世超　张泽宇　赵中国

国家出版基金项目
NATIONAL PUBLICATION FOUNDATION

苏叔阳　主编

# 中國美德讀本

中華書局

**图书在版编目(CIP)数据**

中国美德读本 / 苏叔阳主编 . —北京:中华书局,
2013.12(2016.4 重印)

ISBN 978 - 7 - 101 - 09781 - 8

Ⅰ. 中… Ⅱ. 苏… Ⅲ. 品德教育 - 中国 - 通俗读物
Ⅳ. D648 - 49

中国版本图书馆 CIP 数据核字(2013)第 251827 号

| | |
|---|---|
| 书　　名 | 中国美德读本 |
| 主　　编 | 苏叔阳 |
| 责任编辑 | 宋志军　余　瑾 |
| 出版发行 | 中华书局 |
| | (北京市丰台区太平桥西里38号　100073) |
| | http://www.zhbc.com.cn |
| | E-mail:zhbc@zhbc.com.cn |
| 印　　刷 | 北京天来印务有限公司 |
| 版　　次 | 2013 年 12 月北京第 1 版 |
| | 2016 年 4 月北京第 5 次印刷 |
| 规　　格 | 开本/700 × 1000 毫米　1/16 |
| | 印张 19¾　插页 2　字数 200 千字 |
| 印　　数 | 44401 - 49400 册 |
| 国际书号 | ISBN 978 - 7 - 101 - 09781 - 8 |
| 定　　价 | 28.00 元 |

第一编

# 天之编

## 目 录

引　子

第二编

# 地之编

# 目 录

第三编

# 人之编

## 目 录

第三编

# 人之编

第三编

# 人之编

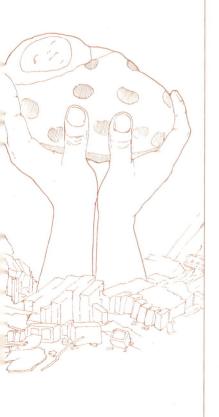

第三编
# 人之编

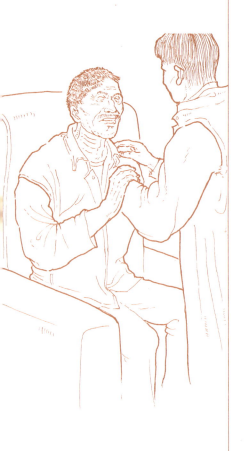

第三编

# 人之编

# 题　记

子曰：己所不欲，勿施于人。

1993年《全球伦理——世界宗教议会宣言》提出，
把孔子的"己所不欲，勿施于人"
作为伦理金律。

# 引 子

北京的秋天最为美丽。满城的夏花还来不及卸妆，秋花却忍不住地将花蕾伸出头来，在熏风中摇摆，宣告另一番花期已开始降临。秋花没有夏花那撩人的热烈的鲜艳，却以庄重和雍容的姿态展现它高贵的美色，将熟的果子躺在肥厚的绿叶的摇床里，偷偷地望着大地和天空。天空用无边的湛蓝和白絮般的流云作为衬底，展开一幅9月北京令人心醉的画卷。

夏天的北京是漂亮激情的少女，秋天的北京是成熟的新嫁娘。北京的9月，总让人们有所期待，总让人们筹划着想做些什么事情，做些自己没做过的、或许新鲜的、有益于自己也有益于别人的事情，不要辜负了这大好秋光。

于是，在北京一处邻水的社区，十几位年过六旬，平均七十一岁的老年人集合在社区的多功能厅里，讨论该做些什么才合适。

"我们不该总是在屋里囿着，该一块儿去郊游。秋高气爽，哪儿哪儿都痛快，让人嗓子痒痒，禁不住想唱歌儿，要是大伙一块儿唱，那多好！"中学音乐老师王吟秋说。

"王老师说得好，难怪他的名字叫吟秋，只在秋天歌唱。"语文老师周申笑着说，"他是秋虫，蟋蟀，俗名蛐蛐儿。"大家笑起来。周申赶紧补充说："不过我赞成他的提议，一起歌唱咱们曾经有过的青春，多好！"

"干吗是曾经有过的青春呢？"刚从波士顿回来的哈佛大学终身教授、哲学家杜英杰说，"我看各位兄弟姐妹都青春长在呀。不像我，被书本捆住，求求各位，拉着我一起唱。"

"我提议！"吴华大声说。她原来担任师范学院的副院长，有着优雅又温存的风韵。大家安静下来，听她说："各位，难道没有看见咱们社区里，还有一群可爱的散漫的小羊羔、小马驹子吗？"

大家一愣，也有几位教师点点头，表示赞许。

"对了！"吴华说，"就是那些放了学就闷在家里，让作业按在桌子上；要不就放飞了，绕世界疯跑；再不就让网吧迷住，连饭也不想吃的孩子们嘛？！我们不能不和他们在一起。唱歌也好，跳舞也好，甚至说故事、做报告也好，都拉着他们。还有那些比我们孤独的、那些整天让人推着晒太阳的沉默不语的人，那些在生活里找不到自己的人，那些浑浑噩噩找不到是非的人。把他们都拉上！我一直在想我们怎么帮助他们呢？让他们的青春飞扬！帮他们就是帮自己呀。所以我提议，咱们成立个俱乐部，学习、讲话、唱歌、跳舞，让整个社区和谐向前，总是那样青春飞扬……"她不说了，两眼凝视着前方，很神往的样子。多功能厅里一时竟安静了，又忽然响起热烈的掌声，吴华却脸红起来。

最后，大家一致同意成立一个开放的俱乐部，学习、演讲、娱乐、公益活动等为主要内容。先从报告读书心得开始。各位文化人，无论曾任何种职务、做过哪项研究，皆以树立人间美德为先，等有了经验和理想的效果后，再行扩展，务使其成为稳定之自我协调、共同进步的和谐快乐的社会组织。大家七嘴八舌地制定了规章，然后以热烈而经久不息的掌声通过了俱乐部的名称："青春飞扬俱乐部"。

当大家高高兴兴走出多功能厅时，哲学家杜英杰忽然说："哎呀，今天是 9 月 28 日，是孔子的生日呢！他老先生今年两千五百六十三岁了呀！老子比他年长约二十岁。今天这日子真好！"新当选的俱乐部主任吴华一拍掌，笑着说："好极了！明天开始俱乐部的第一次活动，研究具体的方案和人选，请您考虑一下各项活动的内容和分工。各位以为如何？"

这些青春飞扬的老人一起喊道："同意！"接着朗声笑起来。笑声飞上天空，让那无边的深蓝赶紧推出一颗颗璀璨的星辰。星光下的北京更美了！

第一编

天之编

2012 年 9 月 30 日，"青春飞扬"的一群社员，扶老携幼乘一辆大巴，奔赴雁栖湖度假。分配好住房，在湖上荡舟，爽风拂面，桨击水波，不知谁带头唱起童年的歌曲《让我们荡起双桨》。当晚霞漫天，暮色将垂，吴华说："难得国庆节与中秋节双佳相聚。今晚的宴会上请昨天排好顺序的各位乡里，各自对月抒怀，讲一个故事，古今皆宜，只是要点出中华美德的题中之意。大家可赞同？"大家鼓掌通过。

湖畔上排好餐桌，大家欢饮笑谈。当晚霞落山，星辰璀璨时，讲座开始了……

# 开天辟地

李育良讲

在这璀璨的星光下，我想讲一个开天辟地的故事。

中国的神话传说告诉我们：太初之始，宇宙是一片空虚。不知何时，竟然有了一个小小的气泡。气泡渐渐化作了一团烟云，烟云又凝聚成为一个球体。球体又渐渐长大，慢慢地成为一个通红通红的大蛋状物，很像我们今天熟悉的鸡蛋、鸟蛋，只是它太大了。里面孕育了一位伟大的人物：盘古。经过了长长的一万八千多年的岁月，盘古终于从沉睡中醒来。他忍受不了这无边无际、无缝无隙的混沌和黑暗，便挥动拳脚，打碎这沉闷的混沌，于是天地开辟了。记述真的是这样，请大家闭上眼睛，展开想象的翅膀，当无边的黑暗里终于射进了光明，那是多么庄严的时刻。宇宙间一定响起了我们已经无法听到的圣歌。轻而清的阳气渐渐升而为天，广阔又清澈；浊而沉的阴气，下降为地；被打碎的蛋壳飞上天空，成为我们头上这数不尽的灿烂的星辰，又降为我们脚下无尽的矿藏。但这时候天地之间的缝隙还不够大。盘古怕这缝隙再合起来，便伸展四肢，双手撑天，两脚踏地。于是，天，日高一丈；地，日厚一丈；盘古的身躯也日高一丈。又过了一万八千年，他成为身高九万里的顶天立地的巨人。天地间的距离就是他的身高：九万里，这就是"九重天"的来历。

盘古开辟的天地真是灵气十足：盘古高兴，天清气爽；盘古发怒，天赶紧阴沉；盘古嘘气，狂风大作；盘古哭泣，一滴滴泪水化作倾盆大雨；盘古眨眼，天上划过闪电；盘古的鼾声，就是滚滚炸响的雷鸣。

伟大的盘古在自己开辟的天地间寂寞地生活了无数年，终于死了。他开天辟地的身躯，又惊天动地地倒下。他的左眼成为太阳，右眼成为月亮；他的头是东岳泰山；他的脚成为西岳华山；他的肚子成为俊美的中岳嵩山；他的左臂是南岳衡山；右臂是北岳恒山；他的血管成为江河；筋脉成为山梁、道路；他的皮肉是肥田沃土；毛发是花草树木；他的牙齿和骨骼结成金玉；汗水凝成甘露，滋润着万物。

这个故事说明：1. 宇宙的形成不是超自然的力量造成的。我们的先民认为：宇宙是自己内部运动的结果。这和今日的科学观点，宇宙形成于自身的大爆炸有点近似，展现了我们先祖天才的猜想。可惜，现在的人类无法听到宇宙形成的大爆炸声，因为那时还没有人类；2. 我们的锦绣山河是我们的先祖创造的。盘古是自然界自己的产物，不是超自然的神仙、造物主。他生于鸟卵，说明人类和鸟类的关系很密切；3. 盘古创造天地，又将自己的造物，连同自身都贡献给无尽的后裔，这伟大的奉献精神是我们民族最悠久的永恒的美德。

舒扬

# 造人与补天

语文老师郑如柳站起来接着讲故事

我们中国人是从哪儿来的？是从我们大地的泥土中来的。不信？各位可以试试，无论在什么时候搓搓自己的皮肤，哪怕是刚洗过澡，也会从身上搓出点东西。我说那是泥，是大地赐给你的我的，是大地母亲留给我们的一生的纪念。

我们的大地是盘古创造的，我们中国人是老祖母女娲造的。女娲自己是人面蛇身，具有阴柔母性的气质，不是天神，是从土地中演化而来。她是大地本身的产物。盘古死后，女娲自己在寂寥的大地上孤独地生活。她不愿这美丽的大地上如此寂寥，觉得应该有比鸟兽虫鱼更聪明的生灵，活在这世上。于是她坐在小河边，从水中看见自己的模样，便抟土捏出一些很像自己的小泥娃娃。谁知这些泥娃娃一到地上就会走会跑，还围着她满含深情地叫着："妈妈！"

女娲高兴极了，便不停地捏泥娃娃。累了，就顺手扯过一根树枝，在水里沾湿，再滚上一些泥土，向地上甩去，那些泥点子一到地上就变成了活泼泼的泥娃娃，跑向四方，于是山冈、原野、河边、湖畔都有人类在劳作生活。女娲又把人类分成男女，要他们繁衍后代。为了让她创造的人永远不忘他们生于土地，便让我们无论如何也得有点泥土气。记住吧，那些一点点泥土都受不了的人，已经背离了女娲的教导。

人多了，乱象也就开始增多。原来，盘古开辟的天地是天圆地方的。地上戳着四根柱子把天撑起，天垂下四根绳子把地吊起。盘古死后没人维修天地，日久天长，天柱开始腐朽，地面也绽开了。地缝里

冒出臭水和火焰。天缝里滴下雨水、冰雹和陨石。

在这破败的天地里，管火的祝融和管水的共工，打起仗来。战败的共工，逃向天边，祝融紧紧追赶。共工急了，一头撞向不周山。那不周山原来是四根天柱之一，经这一撞，折断了，于是天倾西北，地陷东南。西北的天空塌了一个大洞，天河之水瀑布一样流向地面，大地开始摇晃、挤搓，洪水和烈火一起肆虐。盘踞在中原沼泽中的凶恶的黑龙也趁机跑出来作乱，天地间陷入了无边的灾祸。

女娲不忍看着自己的儿女和世界遭受这样的惨祸，就走遍五湖四海，捡拾红黄蓝白黑五色石块儿，又拣来一堆堆柴草，点起熊熊大火烧炼石头。七天七夜之后，石头化成汁液。女娲就用它修补破裂的天空。她又奔赴大海，捉来一只大龟，砍下它的四脚当天柱；又斩杀了黑龙，把凶残的野兽赶回森林。她收集起炼石的草灰，撒向悬湖积水，铺平了原野，大地回复了生机。只有天空的西北和大地的东南稍稍倾斜，弄得日月星辰都从西北落下，江河流水都滔滔不绝流向东南。

女娲的故事说明，中国的民间传说历来认为"天人合一"，人类和地上的一切生命一样，都是大地本身的造物，生养我们的女娲就是地上的生灵进化而来的。我们民族的同胞应当和谐共存，更应当具有补天而为的大局观，像女娲这样为民族而辛劳，而鞠躬尽瘁。

舒扬

# 大禹治水

*历史系教授李仁惠轻轻地讲述了下面的故事*

　　远古时期，中原大地曾经发生了炎、黄部族和蚩尤为首的九夷族部落的大战。炎帝、黄帝和蚩尤都是中华民族的人文先祖。传说，他们是血脉相亲的叔侄或兄弟，但是为了争夺一块对自己部族更好的生存领地，他们不得不互相残杀。这是人类都有过的童年时期的悲剧。

　　黄帝战胜了蚩尤之后，代替年老的炎帝，做了部落联盟的首领。他去世后，把帝位传给了自己的儿子，儿子又传给了孙子帝喾。据说这是公元前2372年的事情。公元前2297年，帝喾死了，帝位没有传给儿子，而是传给了部落里最为大家喜爱的尧，由此开始了"禅让时期"。

　　尧很有能力，杀伐奖惩，言出必行。他命令大臣羲和观察天象，制定历法，以366天为一年，用置闰月的办法来校正四时。那时候，黄河、长江发生了极大的洪水，浊浪滔滔，席卷四野，千里平畴，均成汪洋。尧就命令夏部落的首领鲧来治水。夏部落是黄帝族的分支，由陕西北部东进，最后定居在今河南嵩山至伊水洛水一带。夏部落由夏后氏、有扈氏等十二个姓姒的氏族组成，首领鲧是黄帝的重孙。

　　鲧是个敢作敢为的武士，打起仗来，冲锋在前，神勇无敌，但不善谋划。他有平息水患的决心，却缺少治水的谋略和方法。他领着一伙和他同样勇猛的先人以打仗的办法"兵来将挡，水来土掩"，到处筑堤坝，堵决口，奔走四野。结果，费九年之功，洪水却越堵越决口，水流千万里，悬湖遍四方。百姓在洪水中挣扎，鲧的内心也痛苦不堪。这时，年老却雄心犹在的尧，不忍百姓之苦，便将管水的臣子共工氏流放，逐驩兜于嵩山，把鲧在羽山处死；又昭告百姓，自己以七十高龄竟无能造福百姓，决让帝位于青年俊杰、三十岁的舜。舜是位奇才，他敢于任命鲧的儿子禹来替他的父亲接办治水的大事。禹临危受命，结婚三四天，便告别新婚妻子涂山氏，带领民众出发治水。他先是走遍洪区，查勘水势，决心变拥堵之法为疏导之策。于是以木石的耒耜（耕具），开沟渠，引河水，导拥塞，泄积涝，将汝、汉、淮、泗之水，导入长江而入海；又将黄河从积石山疏导到龙门。

禹十三年来三过家门而不入。他腿上的汗毛已磨掉了，手上、脚上布满了老茧。第一次路过家门，怀孕的妻子，靠在门框上含着热泪咬着嘴唇凝望着他。他停下脚步深情地向妻子招招手，扭头走了。

几年后，他扛着耒耜光脚走过家门，听见儿子的哭声，不由站住脚。妻子听见柴门外有乡亲招呼治水的民工，停下歇歇脚的呼声，抱着儿子启跑出家门，远远看见禹正朝自己走来，高兴地举起启流着泪微笑着说："启呀！启呀！看看吧，爸爸从天边回来啦！"又对着禹大声说："禹呀！禹呀！看看吧，你的儿子启在叫爸爸啦！"禹走过来，看看启的笑脸，自己也笑了，对妻子说："你好！儿子好！好好地等我吧！"把一块汗湿的麻布塞到启的褓褓里，笑着转身走了。

第三次路过家门。妻子早早握着启的小手站在门前。禹走过来。妻子轻轻说："禹呀禹呀，你老了！你瘦了！启儿大了！"禹弯下腰，看看启，轻声问："认识我吗？"启摇摇头："不认识！"禹说："我是你爹爹！"启说："我爹爹是个又高又壮的大人，你不是！"禹和妻子一起摇摇头，苦笑了。

禹又走了，去治水。直到积水退去，田畴成沃野，江河东流去，禹才在百姓称颂"大禹"（伟大的禹）的呼声中回到故乡。

后来，舜顺应民意将帝位传给禹。禹治国有方，后来将帝位传给

能干的儿子启，建立了中国历史上第一个奴隶制王朝"夏"，大禹遂为
开国之君，所以又称夏禹。他遵循自然规律而治水，身先士卒，勤劳
为民，三过家门而不入，永远是中华民族美德的楷模，屹立在长青的
历史中。

舒扬　改写

# 羿射九日

下面的故事是董校长讲述的

在中国的古老传说中尧作部落联盟首领的时代，有位天下最善射箭的人，名字叫后羿，简称羿。一次，羿与友人吴贺北游，见一只小雀飞过，吴贺请羿搭弓射雀。羿问道："你想要它的命吗？"吴贺答道："我要你射中它的左眼。"结果，羿却射中了雀的右眼。羿深耻自己的箭法不精，就更加勤练，终于练就了真本事：不论多高多远的飞禽，无论多小，还是跑得多快的走兽，只要他能听到声音，就都能箭出似电，百发百中，精准无误。

尧那个时候，天上竟然有十个太阳。它们本来应该按顺序轮流出来的，可太阳之间也发生了争吵。它们一吵起来，就一起出来在天上发威。土地被它们烤焦了，庄稼枯干了，人们热得喘不过气来。一些怪禽猛兽，就从干涸的江湖和着了火一样的森林里跑出来，到处残害百姓。

人间的灾难、百姓的愤怒惊动了天上的天帝，他赶紧命令善射的羿下到人间，协助尧来解除人民的苦难。天帝赐给羿一张红色的弓，一袋白色的箭。他顷刻来到人间。

羿一到人间，见十个太阳漫天放火，胡作非为，气得立即从肩上除下红色的弓，取出白色的箭，一支接着一支向骄横的太阳射去，顷刻间九个太阳被射了下来。此时，尧急忙说，还是留下一个太阳吧，它对人间有好处，羿这才停止了射箭。

接着，尧又让羿到畴华的荒野去杀死凿齿，到凶水去杀死九婴，到青邱湖去射杀大风，到原野去杀死猰貐，到洞庭湖去斩断修蛇，到桑林去生擒封豨。这些古老的、名字奇怪的猛兽一定是先民们难于抵御的敌人，制服了它们，普天下的百姓都高兴极了，于是把领导后羿的尧尊为天子。

羿为民除害的丰功伟绩，却受到了其他天神的妒忌，他们到玉皇那里去进谗言，玉皇也没有调查就疏远了羿，还把他永远贬斥到人间。

这是古老的传说，其实后羿不是高高在上的天神，而是三苗族的领袖。至今，三苗族同胞的服装中还有象征羿射九日的纹饰，来纪念这位为民除害的光荣的先祖。传说中还说他是可爱的嫦娥的丈夫，而且他还是大禹治水的重要帮手。

羿就是羿，他的大爱长留在民族的心里。我们每天仰望月亮，也为后羿和嫦娥这长久的分离而揪心，祈愿他们很快地团聚，相爱相携，地老天荒。

舒扬　改写

# "我是嫦娥"

作家王云回忆起一段令她激动的往事

　　中秋节总是有无限的风光，月圆时自不必说，那皎洁清冷的月光，总令人生出属于自己的遐想；即令是"云遮月"，也有时明时暗的景色，让你享受惆怅与欣喜交并的快乐。没有想到，这次在长沙却是在冷雨凄风中度过中秋之夜的。也好，这让我猜想风雨背后的月光是怎样地澄澈，增添了几分对月的怀念。特别是我国绕月探测工程首席科学家欧阳自远先生坐在我的身旁，我们谈起月亮，谈起绕月探测工程，也谈起哲学、宗教和诗，让我对月有了一番启蒙的认知，从对月的神话和诗意的朦胧（其实是蒙昧）中苏醒。

　　我们坐在杜甫江阁里，眼望窗外烟花风雨合，耳听欧阳先生讲真实而又伟大的月亮，我的心也不禁随着他的讲述陷进了从未有过的深情。说起月亮，他的眼睛格外明亮，语气柔和却包含着激情，仿佛在述说自己的恋人和最忠实的伙伴。他说：月亮是我们地球唯一的天然卫星，四十多亿年来，一刻不离地忠实地陪伴着地球，和我们的地球一起度过了荒古的演化过程。它为地球抵御了无数次小天体的撞击，自身千疮百孔，伤痕累累。你知道吗？那些在天文望远镜中看到的月亮上的黑斑，被我们称之为"海"的地方，原来都是小天体撞击出来的天坑，被暗色的火山熔岩充填。月面上大于一公里的天坑，就有三万三千多个，坑中套坑，布满整个的月球。它沉默无语，不管怎样的打击，它都自己承受，依旧为我们洒下澄明的月光。这是怎样忠实的伙伴！假如那些小天体都降落在地球上，我们的家园将会有怎样的灾难，这是无法想象的。地球上曾经有几次大的物种灭绝，就是漏网

的小天体撞击的结果。月亮保卫了地球的生命，也让它在灾难中复苏。月亮引起地球上海洋的潮落汐涨，让地球充满了勃勃的生机，自己却消耗了全部的精力。我们每天仰望月亮，真该送上由衷的崇敬。

月亮每天都向我们发出柔美的光，无论银色，还是橙黄，都是圣洁的，因为它无私奉献。它激发起我们无尽的想象：宗教、哲学、神话、诗歌、风俗，乃至古老的历法、农事的节令，都由月亮而生发。月亮真的是太可爱了。

于是，我们谈到了探月的嫦娥工程。我说，人们叫你"嫦娥之父"。欧阳院士笑笑说，哪里，我们是一个群体，"嫦娥"有一个强大的父母之邦。这次"嫦娥一号"是我国发射的第一个月球轨道探测器，是我国月球探测工程"绕"（绕月飞行探测）、"落"（登月）、"回"（返回地球）发展战略的第一步。这是实现我们千年探月梦想的开始，是一个极为漂亮的开始。2007年10月24日，"嫦娥一号"在西昌卫星发射中心成功发射；在轨运行四百九十五天，比预期一年的工作寿命延长了四个多月，取得了极其珍贵的原始科学探测数据。温家宝总理公布的全球第一张"月球影像图"只是"嫦娥一号"取得的成果之一。

谈到这里，他忽然停下来，深深地吸了一口气，仿佛要传达给我一个极为重要的信息。窗外的火树银花暂时歇息，好像都要聆听"嫦娥之父"的讲话。他喝了一口水，轻轻地说：你知道，探测器在完成了预定的项目之后，是要解体的。"嫦娥一号"已经超期服役了四个多月。他的声音好像有些颤抖，我看出他在压抑着自己的情绪。少顷，他说，我们决定让"嫦娥"完成最后一个任务：撞击月球，拍摄撞击全过程的月面影像图。我们在月球表面寻找了一个撞击点，就是月球的丰富海，而且要在月球的白天撞击，以便清晰地拍摄撞击的过程。2009年3月1日，在地面控制下，"嫦娥一号"开始轨道调整，速度减为每秒

1627 公里，在距离月面 59 公里的高度打开 CCD 立体相机开始拍照，拍下她英勇撞击月球的路径。CCD 立体相机记录了 1469 公里撞击月面的影像图。"嫦娥"无声息地、准确地随着我们的指令调整姿态，减慢速度。要知道，她如同我们的儿女，是我们制造了她，赋予她神圣的使命，她系着我们的心。她每一次动作我都像听见她在诉说"我是嫦娥，我是嫦娥，我在听从您的命令，我在忠实地完成我的使命"。2009 年 3 月 1 日 16 时 13 分 10 秒，"嫦娥一号"准确地撞击在丰富海预定的撞击点上。那一刻，我仿佛听见她在呼喊："永别了地球，永别了祖国、亲人。"她就这样粉身碎骨了，毫无怨尤，埋在异乡。

这时，我分明看见院士润湿的眼睛。窗外的烟花又陡地升起，在风雨交加的夜空绽放，这也许是对英勇献身的"嫦娥一号"的颂赞和安魂曲，也许是对即将升空的"嫦娥二号"的壮行。但我却受到了一次实实在在的教育：伟大的科学研究需要献身精神，需要科学家激情四射的诗情。科学是诗，科学家是讴歌大自然的诗人。让我们低下头向这些科学家致敬！

苏叔阳

# 月海夜话

这时候诗人舒扬站起来说："我今天讲一段我自己经历的故事。"

大家听到月亮的声音了吗？好像没有。月何言哉？孔子说，天何言哉？老子说，寂兮寥兮。也就是说，天并没有说话，没有声音。大音希声，此之谓也。其实，月亮把自己的话语托付给了江山水色，向大地上的一切生灵和物象，表达它的爱心。各位没看见湖水此时正泛起一道道柔波吗？那是月亮的引力造成的。它正在向我们诉说心曲。记得 1981 年夏天，那时我正年轻，生活也处在一个充满希望的开始。北京市文联组织我们在北戴河度假。那天晚饭后，几个人在宿舍里，聆听我带去的柴可夫斯基《悲怆交响曲》的录音带。或许是老柴那悲怆又激越的旋律深深地打动了我们的心，大家一起去看海。

月上中天，那月和今天的一样，一样的辉煌，一样的柔和，一样的引人回忆遐想，一样的催人倾吐衷肠。我们漫游在海边，各怀心事。忽然看见明亮的月光下，海水一波波涌向海滩。那弯曲的波浪之间，闪烁着碧绿色的光芒，水蛇一样扭曲着扑到沙滩，扑到我们脚下。金色的月光，哗哗的海潮声，近在脚下又远去天涯的大海，仿佛要把我们吸进她的怀抱。这让我陷进从未经历过的庄严和神圣，甚至有些恐惧的情绪之中。我耳边轰鸣着《悲怆交响曲》最高潮、最激越的旋律，不知天、月、海、人，此时此刻如何交织混同在一起。这时候，一位诗人，叶文福，激情地大喊着："今晚，我看见了，看见了海的灵魂！它就在我的身边，在我的脚下。它在呼唤我！它要我跟它去呀！去那辽远无边的深处……"我还看见一位剧作家站在海水里，双手掩面哭泣……没有人，没有人嘲笑这群从未见过大海这种阵势的文化人，这出格的，甚至幼稚的行为。这是月亮的魅力、大海的魅力，是月海相加的魅力。我们沿着海滩叫着，跑着，追赶着海的灵魂，直到云遮住月，月拂静了海，我们才归去。

第二天晚上，我们邀请尊敬的老文学家吴伯萧教授一起来，来看这大海的灵魂。可大海给了我们一副冷面孔，海波不兴，只是默默地蠕动着。我们很不安，让老人家空跑一趟。吴老却兴致勃勃地站在一块石头上，大声说："月亮的引力和海的潮汐，有密切的关系。你们看见的现象应当是在一定的条件下才会发生的。今天没赶上……可还要谢谢你们。我在你们眼里看见了海的灵魂，在你们的话里听见了月亮的呼声。今天，海的波浪声就是它的呼唤！和你们听到的一样。它在祝福我们的民族从此幸福、发达，祝福所有的人快乐、幸福！今天我很高兴，你们的心里充满了诗意。没有诗意的生活，就没有真善美，就没有希望……"真的，那一刻我看见了老教授的眼睛里闪着晶莹的泪花。

唉！他已离开我们远去。今天，月圆时节，恰逢中秋，就让我朗诵一阕苏东坡的词《水调歌头》，来纪念吴教授，愿他在天上，度过平静幸福的无尽的天年！也祝福大家！

余平夫

这时候，月亮宛如一位绝尘的明星缓缓地走向中天，轻轻拂去薄纱似的轻云，将那圣洁的金色柔光撒向大地，所有的人都有些激动，止不住地轻声呼唤，仿佛招呼久违的至友亲朋，内心涌起各自不同的回味，却都有些一样莫名的淡淡的惆怅……

# 永世的祈愿

万千璀璨的星辰簇拥着仪态万方的月亮，款款地步上中天，接受普天的礼赞。这让我想起了苏东坡和他那首《水调歌头·明月几时有》。学者说，这首借月书写天上人间诸般况味的辞章，是人间咏月的甲等第一名杰作。这大约是公允的评价。

这首词写于北宋神宗熙宁九年（1076），也就是丙辰年的中秋之夜。那时，东坡先生正外放任密州（今山东诸城）知州。从题序"丙辰中秋，欢饮达旦，大醉，作此篇，兼怀子由"看，这是对月抒情，且怀念兄弟之作。

## 水调歌头
### 丙辰中秋，欢饮达旦，大醉，作此篇，兼怀子由

明月几时有，把酒问青天。不知天上宫阙，今夕是何年。我欲乘风归去，又恐琼楼玉宇，高处不胜寒。起舞弄清影，何似在人间！转朱阁，低绮户，照无眠。不应有恨，何事长向别时圆？人有悲欢离

合，月有阴晴圆缺，此事古难全。但愿人长久，千里共婵娟。

　　中秋之夜，东坡夜饮。是否有朋友同欢，已经不得而知。从题序中猜测，大约是独自狂饮通宵，已经处在醉态之中，对官场恶习的憎恶，壮志难酬的烦闷以及外放生活的寂寥无助，种种愁绪一起涌上心头，举杯欲饮，忽见杯中的月影，不由把酒问月，今夕何年？又自许天人，以游仙的方式，自傲地表示想乘风归去，在清白处俯视混浊的人世。这和他的名句"我观人间世，无如醉中真"是同一个意韵。但他的入世思想立刻反驳了一时的念头，琼楼玉宇虽好，但独自起舞的寂寥，远不如人世间实干的热闹和师友宾朋的真情更令人陶醉。东坡和当时的大多数文人，共有一个特质，那就是儒家入世的积极与道家清静无为的潇洒二者的杂糅。这既是当时变动不已的政治所使然，也是他们宦海升沉的标记。苏东坡仕途顺利时，即使身陷诬妄囹圄，也与政敌缠斗不休，要为真理而斗争。一旦不为朝廷重用，外放流迁，便以无为而无不为自许，乃至清高自得。大约这是文人流传千古的毛病，今天的许多"大师"也走在这条沟里，只是没有东坡的胸襟和超越时空的文采。东坡的晚年，对差点把他整死的王安石犹然宽释，专门看望他，在王家住了两个月，说他们之间的误解争拗，完全出于对国家、社稷的忠诚。所以东坡生前身后成了中华民族千百年来无人不爱的文化人，成了中华文明的象征之一。

　　这首词里所表现的短暂的思想波动，反倒成了他醉中心情最真实的写照，令所有的读者信服。这首词的上片，这天上地下的心情的描述，证明文学最动人处，就是真实、老实。词的下片，质问月亮，你光照人寰，扫遍亭台楼阁、华窗屋宇，人们或者被你照得不能入睡，或者因等你的光照而不眠。月亮啊，我们无怨无恨，是什么事让你总是在人们别离时刻分外又亮又圆？这指问满含愤慨，却分明是醉意的宣泄，令读者和诗人一起潸然，然而又潇洒地自我解脱。

醉中人不是糊涂人，他是明白"道法自然"的哲人，知道人世也有自己的规律，悲欢离合，如同月的阴晴圆缺，自古如是，我也一样，盖莫能免。月圆人离，月损人聚的遗憾，即令至爱亲朋也无法共处一起欣赏那团团的满月。这不是月之过呀！这哲理盎然的思绪，抚平了诗人的烦躁和痛苦，却也留下不能解脱的惆怅，慢慢流下清泪。声音抖颤地发出内心深处的祈愿："但愿人长久，千里共婵娟。"这不是革命口号，无须高声朗读。这是心灵的吟唱，要比洪钟般的呐喊还有力量。也不要拘束于东坡诗风豪迈的定论，一个醉中吟唱的诗人在月下遥念手足和朋友，是应当允许他流泪的。

这首词写了天上人间，情感跳跃，语句华丽却又平实，将儒家和道家的哲理表现得深刻却又明白易懂。由咏月所引发的美感渗入读者的内心，而那声深沉悠远的真诚的祈愿，正是我们民族对世上一切亲人和友朋的祝福。这动情的呼唤已经回荡了将近千年，还将永久地回荡在天空。只要有月亮，就会有这亲切的呼声。多么好啊！

舒扬

10月2日，"青春飞扬"的旅游者们，一早乘车回京。太阳跳上车顶的时候，吴华忽然高兴地叫起来，走到车厢前面，借过导游的话筒，高兴地说："嗨！我的手机上有一条好消息：请听我读……"

# 祖国，我的玫瑰

2012年10月1日，中共中央、国务院、中央军委决定，给航天员景海鹏颁发"二级航天功勋奖章"，授予刘旺、刘洋"英雄航天员"荣誉称号并颁发"三级航天功勋奖章"。

全国妇联下发表彰决定，授予在我国天宫一号与神舟九号载人交会对接任务中作出突出贡献的女航天员刘洋"全国三八红旗手标兵"荣誉称号。女航天员登上太空，是我国航天事业发展的标志性事件，也是我国妇女发展史上的一件大事。刘洋作为我国首位登上太空的女航天员，为我国航天事业的发展作出了重大贡献，实现了中华女性孜孜以求的飞天梦想，展示了当代中国妇女的时代风采。全国妇联决定授予刘洋中国妇女的至高荣誉——"全国三八红旗手标兵"荣誉称号。

神舟九号于6月16日下午发射。刘洋作为神九首选女航天员，与景海鹏、刘旺搭档。执行这次载人交会对接任务的神舟九号从16日晚入轨，到17日傍晚完成三次变轨，景海鹏、刘旺、刘洋三名航天员在太空顺利度过了第一个二十四小时，太空生活平安顺利，身体状况良好。按照预定测控计划方案，根据飞船运行情况实施数次变轨控制，导引神舟九号飞船到达距离天宫一号后下方约五十二公里处，神九将与天宫进行对接。截至 17 日 18 时，神舟九号飞船已在预定轨道绕地球飞行十六圈。

神舟九号飞船入轨后，航天员景海鹏顺利开启飞船返回舱舱门，三名航天员分别进入轨道舱，将舱内航天服更换为蓝色工作服。

在神九进入运行轨道后，舱内进入失重状态，三位航天员显得非常镇定。刘洋看到身旁景海鹏的笔慢慢飘过来，拿起自己的笔，顺手打了一下。景海鹏的笔转了几个圈，又慢慢飘了回去。看到这一幕，刘洋的脸上露出俏皮的笑容。最后，看到神九安全抵达预定轨道，三人相互握手庆祝。据专家称，三位航天员传回的身体检测信息显示，心率平稳，身体状况良好。据地面工作人员介绍，地面人员很高兴听到女航天员状态很好，也看到她笑得很开心。

2012 年 6 月 18 日，三名航天员成功进驻天宫一号目标飞行器，航天员在组织体内每九十分钟就会经历一次昼夜交替。从 18 日晚 23 点开始，航天员开始实行天地同步作息制度，每天 8 点至 20 点为工作时间，安排交接班，一日三餐轮流值班，每天工作约八小时，睡眠约八小时，生活照料约六小时，个人休闲等约两小时。在天宫中的第一天，按照工作安排，景海鹏值班，刘旺和刘洋休息。19 日早晨 6 点，航天员刘旺和刘洋开始了一天的工作，值守了一夜的景海鹏上午换休。在全天的工作中，三名航天员协同配合对天宫一号目标飞行器进行照料与管理，开展相关空间科学实验。刘洋还第一个体验了太空自行车。15 点 46 分，航天员乘组成功接收到地面向他们发送的第一封电子邮件。

在神舟九号与天宫一号交会对接成功之前，刘洋等三名航天员已在神九舱内按计划进行抽吸冷凝水的试验，以确保舱内生活环境良好。神九升空后，在密闭的空间中，航天员排出的汗液和呼吸产生的水汽在冷凝后产生冷凝水，因为在太空中缺乏微重力，冷凝水因温度低形

成的小液滴会再被航天员呼吸时吸入，对人体安全产生影响。因此，在神九舱内必须通过特殊的装置将空气中的水气冷凝成水，再通过静态的气液分离方法固定到一个容器内，吸水材料饱和后，航天员就必须将吸水材料中的水以负压的方法人工抽吸到储水容器中，这样才能确保舱内的环境良好。

　　经过了一天的劳累，晚上10点，航天员景海鹏和刘旺就早早地进入梦乡。按照飞行计划安排，20日晚是刘洋第一次值夜班，在完成与地面通话和各种仪器设备的监测后，细心的刘洋发挥女性的优势，对天宫一号进行了一次大扫除。她手拿白色抹布，飘到了上部擦拭天宫一号的"墙壁"。凌晨3点左右，刘洋翻看起了相册，还玩起了魔方。刘洋的夜班并不孤独，地面上支持的工作人员一直相伴。在北京航天飞行控制中心，飞控人员密切注视组合体的飞行情况，和刘洋朝夕"相处"的医生、教员、环控生保专家等也都坚守在各自的工作岗位，为刘洋提供地面支持。

　　身在太空的刘洋，心系祖国，她轻声朗诵着自己写的诗篇：

祖国日夜在凝望
祖国时刻在谛听
祖国的儿女
高飞在太空

英雄的神舟下面
就是故乡的黎明
妈妈坐在小窗口
身边的玫瑰鲜红

哦，我的祖国呀
你就是我的玫瑰
永远盛开在
我的心中！


                                        舒扬　改写

# 老子出关

听课笔记

演讲者：哲学家周英杰，2012 年 10 月 5 日

**周英杰：**（看着满堂的听众，高兴地）谢谢！谢谢大家赏脸！今天真是高朋满座，除了我们"青春飞扬俱乐部"的全体成员都来捧场外，还有许多邻居和小朋友。这意味着俱乐部的前途远大，也告诉我这头一仗一定要打好！万事开头难呐，朋友们！请多多鼓励！（掌声）

我今天讲的题目叫《老子出关》。

老子是谁呢？（一位小朋友大叫："是我爸爸！"听众大笑）噢！你爸爸的确是你的老子，但和我说的老子不是一个人。你爸爸这位"老子"的读音，重音在"老"上，强调的是你的长辈。我说的这位老子，重音在"子"上，强调的是对他的尊敬。这位老子今年要是活着，应该至少两千五百八十多岁了。你的爸爸呢？（小朋友："他三十六岁！"）你看，差别出来了。我说的老子生活在两千多年前，比我们所有在座的长辈年龄都大得多，我们谁也没见过他。但是，他就活在我们中间。比如我们常说的"千里之行，始于足下"、"九层之台，起于垒土"、"大器晚成"等等都是他老人家的名言。他是我们中华民族第一位大哲学家、思想家，比孔子年长二十岁左右。他的思想穿越过两千多年的岁月，到今天依然新鲜，成为我们民族文明的主流之一，而且是全人类文明伟大的一部分，为世界各国的哲学家所重视。他的著作《道德经》在全世界发行，据说仅次于《圣经》，是世界上发行量第二大的书籍。

德国一位大历史学家、思想家雅斯贝尔斯说过：在公元前 800 年到前 200 年有一个人类文明的轴心时代。那时候，世界上只有三个或

四个民族有哲学，其他国家都没有。这就是希腊、印度和中国，或者还可以加上以色列。人类今天的文明都是那个轴心时代文明的延续和发展。朋友们，雅斯贝尔斯所说的那个轴心时代正好是中国的春秋战国时代（春秋：前770年—前476年；战国：前475年—前221年）。所以，那时候中国诸子百家的学说就不仅是中华文明的瑰宝，而且是人类文明伟大的一部分。老子是中国历史上第一位伟大的哲学家，有人说他是中国哲学之父。在这个意义上，老子就是那位小朋友说的"老子"：中国哲学的"爸爸"，（听众大笑）也是全人类哲学的父辈级人物。我们应当尊敬他。（鼓掌）

据司马迁的《史记》记载，老子姓李，名耳，字伯阳，也叫李聃。楚国苦县厉乡曲仁里（今河南省鹿邑县）人。生卒年代不详，大致在公元前571年到前471年之间。大家一定奇怪：这是一百年的时间呀，老子竟然活了这么长时间呐。请注意，这是估算。生年大致比较准确，以孔子生年为根据。孔子生于前551年，老子比他年长二十岁左右，约为前571年出生。老子出关时大约五十五岁，那年是周敬王四年，就是前516年。此后的时间便属于推测，但也不无道理，后面我会解释的。

关于老子的出生有一段传说，近于神话。说他的母亲里氏年轻时在河边洗衣服，见河里飘来一颗金黄的李子，她又累又渴，就把那李子捞起来吃了。于是就怀了孕，怀孕八十一年，要生产了，却难产，只好在李子树下让接生婆用刀割开左肋把婴儿取出。家人一看，这婴儿白发萧然，雪白的胡子、眉毛，外加两耳垂肩，一脸的皱纹，整个一位小老头儿。于是大家都说："这是个老儿子啊！"这老儿子生下来就会说话，指着李子树说："我姓李！"妈妈见他耳朵大，就为他起名李耳。老子之名就此诞生。我历来尊敬这位怀胎八十一年的母亲，在漫长的孕期中经受了我们无法体会的困难，临产时，又让一位完全不懂人体生理结构的伪接生婆从自己的左肋中掏出一个老儿子。那时候，她老人家一定忍着痛苦幸福地微笑，眼含热泪看着自己的宝宝。伟大呀！她为我们民族含辛茹苦地生下一位哲学之父。我们应当向她老人家鞠躬致敬！在母亲节时供奉她的肖像。不知各位乡亲以为如何！？
（全场欢笑，长时间鼓掌）

其实，怀胎八十一年的故事，只是臆想的传说。中国文化中历来将奇数九视为大数，九的倍数就代表大和多。比如说天有九重，天地相距一万八千里等等，都是形容其多和远，并不是实际的数字。大约老子妈妈怀胎时间较长，超过了九个月，这是很可能的。因为那时生活条件很差，妈妈的营养不良，胎儿发育不好，难怪婴儿一出生就像个小老头儿。后来老子成名，人们为奇人发奇想，以为不凡的人必有不凡的来历，就编出里氏妈妈怀胎八十一年的故事，并且为李耳之所以被称为老子做了注解。其实，这注解很像评书艺人的作品，不可当作信史。

老子这个称号，应当是李耳先生声名大振之后，人们赠给他的尊称，是在他做周朝的"守藏室之史"以后。这职务相当于今天的国家图书馆、博物馆、档案馆三合一的大馆长。他必定读过许多别人轻易读不到的书籍、文献、典章、律条，看过许多珍贵的文物，了解许多历史事件和天象变迁的掌故与记载，知识远超别人。加上他善于思考，有形而上和形而下的辩证的思维方法，所以他思越古今，语出惊人，渐渐地名声远播，人们便尊称他"老子"。那时候，只有最智慧、最杰出的男人才被称为"子"；而"老"，在我看来是北方话中"多且丰富"的意思，或者还有尊为前辈的含义。比方形容一家商店货物齐全，北方话就会说："嚯！那儿的货老了去啦！"（众笑）

在春秋战国诸子百家之中，凡称"子"者，皆以姓为首，孔子、孟子、墨子、庄子、韩非子等等，只有李耳不叫李子，而专称"老子"，好像是他的专利。和他有过一段共同时光的孔子犹然称其为老子，还向他请教周礼，把他当作师长。那些晚辈诸子，除非忘了自己吃几碗干饭的人之外，都一例将李耳先生称作老子。我的学问太浅，还没查出诸子百家中，有谁敢不叫李耳为老子者。可见，古时候的学者、教授、博导、作家，可以有不同的学问，却都有共同的美德，就是尊敬前贤。（鼓掌）

老子被人尊敬，不是谁忽悠出来的。这从他出关的故事中就可以知道。周敬王四年，也就是公元前516年，周王室内乱，老子的图书馆馆长做不下去了，便辞了官，准备西行去秦国或者西域，找个清静的所在，专心研究学问。据有的书上说，那年七月的一个早晨，老子便骑了一头青牛向函谷关而去。那函谷关在今天河南灵宝市北，关口建在一条山沟里，夹在两侧高山中，就像装线装书的书函，易守难攻，历来是兵家必争之地。那青牛就算是神牛也不能一天到达，必是走了好几天。一路上，老子看见士兵和战马的尸体横陈遍野，村舍、庄稼被战火毁成瓦砾和枯草，更让他心绪惆怅。

大约走了几天，七月十二日的中午时分，老子来到了函谷关前。据说关令（就是守关的长官）尹喜，一早就看见天空飘荡着一片艳丽的紫气，飘飘忽忽由东向西，直奔函谷关而来。他想：紫气东来，必是有贵人到达。因此连早饭也没吃，一直站在关楼上瞭望。果然在稀疏的路人里看见一位白发白须的老人骑着一头青牛跌跌撞撞而来。关令尹喜赶紧奔下楼，跑到青牛前，拉住缰绳叫道："老子大师，您可来啦！"（众笑）

那时候，没有影视，没有电话和手机，他怎么会知道这就是老子呢？必定是老子的名声已很响亮，而白发、白须、大耳的特征又独具特色。尹喜也读过书，文盲是做不了关令的，不然无法给别人签发护照，假如有敌兵来袭，还得会看兵书，指挥打仗，非有文化不成。所以，他猜也猜得出是老子驾临函谷关。至于"紫气东来"，我想那是对自然现象的附会。老子自东向西而来，由早晨而中午，一路上和骑马的、挑担的各种行人一路走来，踢起的沙尘飞扬在空中，经阳光照射必是漫天的彩雾，当然会是"紫气东来"，实际上应是"沙尘东来"。（众笑）

这位关令尹喜也应青史留名，假如他不懂文化的重要，不知老子为何许人也，就不会软磨硬泡地非要留下老子在关上住几天，还要老子写一些自己的理论，留给后学们研究。没有这些，我们就不可能会有《老子》，也叫《道德经》的这部伟大的著作。中华文明，乃至人类文明就将有所缺损。所以我们要感念这位古代的海关关长。

老子留下了。他接受尹喜的建议，用了三天的时间，写了一部五千字的著作，分为两册。上册起于"道可道，非常道。名可名，非常名"，所以叫《道经》；下册由"上德不德，是以有德；下德不失德，是以无德"写起，人称《德经》，二册合一是为《道德经》，和《易经》、《论语》成为中华文明的三部最基本的经典。

我的水平不高，无法精确地注释老子的《道德经》。这是一项繁难的工作。大体上说，上册述说了老子的世界观。他论说了宇宙的本源、天地阴阳变化的根据；下册则是他的人生观和社会、国家的理念，包含了许多朴素的辩证法，是一部至今还无法穷极的宝书。老子认为，宇宙的一切不是由超自然的力量制造的，所以他是一位无神论者。他认为，"道"是天地的本源。道自己就存在，不是谁造的，不靠其他事物的支持和命令。道无处不在，无处不有，而且运动不休，无始无终，自由必然，因为它的根据就是自然本身的规律。"人法地，地法天，天法道，道法自然"，人、大地、宇宙都是道的产物，道是宇宙的母亲，而道的根据是宇宙本身。

从老子的理论出发，会逻辑地产生"生态文明"的理念。人类至今已有过三个文明时期：第一个文明期是原始文明，那是人类文明的幼稚期，人类是自然的奴仆；第二个文明期是农业文明，这个时期人类不断向自然提问，是大自然的学生；第三个文明时期是工业文明，人类不断拷问和榨取大自然，要当自然万物的主人，结果受到大自然的惩罚。现在，我们正向第四个文明时期过渡，那就是"生态文明"时期，人类要同大自然和谐相处，要按照大自然的规律办事，要守道行道。老子在两千五百多年前就提出"道法自然"，这虽然和今天的"生态文明"不尽然相同，但应该看作生态文明思想的出发点。人类的文明正是这样螺旋式上升的。

有人怀疑这《道德经》不是老子自己写的。思想那么深邃，今天的大师都没这水平，一个两千多年前的老头子能这样？我劝您别犯这心思了。光看看那文字，就是一部诗化的美文，是今天的大师写不出来的，轻薄古人不是个好品德，敬畏先贤才是今人的美德。（鼓掌）何况，还有出土文物作证。根据1993年出土的郭店楚简《老子》年代推算，其成书年代至少在战国前期。战国是前475年到前221年。我们刚才讲过老子的生卒年是前571年到前471年。老子活到一百岁是完全可能的，他自己写书也没有问题。这点时间差，在考古上，完全说得通。

还有一说是尹喜记录老子的口述，这有可能，但据我的体会，凡口述记录非得口述者本人再修订一遍不可，不然难以保持本真。据说，老子写完了书，只接受了点尹喜送给的馍馍和肉干就出关而去了。尹喜送走了老子，也失魂落魄，就索性辞了官，去追随老子。又据说，还有人在秦岭的南山见过老子和尹喜在一起说笑，"马放南山"的成语就是从这儿来的。但我有些怀疑。青牛是老子的象征啊，怎么改骑马了？是他阔了，还是他不痛惜当年兄弟一样的坐骑？这不像是老子的秉性。看来，有些"据说"是不靠谱的。

总之，我今天要说的是两点：一是不要轻薄古人，敬畏先贤是该永久秉持和发扬的美德；二是希望所有能写文章的人都拿起笔来，写出你的知识、你的思考、你的见解，把你对生活的感知乃至你的梦，写给大家，让别人分享你的理想。我们暂时还做不到老子，但可以学习老子，将知识贡献给人们也是一种美德呀！谢谢大家！（全体热烈鼓掌）

附录：一位大学生提问："为什么我们中华文化特别喜欢造神呢？老子明明是个无神论者，为什么偏偏说他是太上老君？"周老师答："你的问题很大很好，可惜我回答不出。咱们一起研究吧！你学什么专业？你应该学历史！"同学答："我就是历史系的，一年级。"周老师说："好！"

余平夫

第二编

地之编

　　《青春长在》编辑部的话：本刊是活页文选，稿件来自乡邻的投稿。本刊只根据不同内容，做技术性编排，以利读者阅读。本期主题在乎叙述地法天，天法道，道法自然的宇宙观，合于自然规律的言行，是为美德。中华民族循此创造出灼灼文明。文明之河无尽无休，择拾几朵浪花，以飨读者。恭候各位乡邻踊跃投稿。

# 郭洞村的环保规约

　　在距浙江省武义县城十公里的群山峻岭之间，有一个名叫郭洞的古村落，因群山环绕如郭，村庄幽邃如洞而得名。现在，这里已成为旅游景点，并已有了一定的知名度。

　　既然已经开发成旅游景区，当地的种种历史文化遗迹和民风民俗都被挖掘出来，以吸引游客。比如说，村里有一座比较古老的"何氏宗祠"，始建于明万历三十七年（1609），总面积一千二百平方米，规模宏伟，气象庄严。院子里有古戏台，翘角飞檐。壁画题为《唐皇游月宫》，画的是武义籍著名道士叶法善在月宫向唐明皇李隆基讲述杨贵妃逝世后的情况。祠堂里有很多匾额、对联、仿古竹简和挂屏。宗祠后堂摆放着许多寿棺，是当地丧葬风俗的表现。陈列祖宗牌位的神龛隔扇等，则为明代文物。

　　村里还有大片的明清古建筑，格局完整，保存完好，既有古朴大方的明代廊柱，也有受到西洋建筑风格影响，精雕细刻的清代牛腿。

郭洞村虽在深山里，但世世代代崇尚教育。四百多年前，郭洞就有了私塾"啸竹斋"，清康熙年间又建成"凤池书院"。据统计，明清两朝该村出过一百一十四名秀才，其中三十五名为武秀才，还出过一名武举人。

郭洞村里还有颇具特色的竹筒饭等农家菜……

以上这些景致事物，让游客们流连忘返。但郭洞村最大的特点，也就是它真正引人入胜的地方，还不是这些，而是这里世世代代的居民们对自然环境的尊重和保护。

郭洞村的自然环境系统实际上相当脆弱。它的东北面有两条溪流，从远处的山岭中流过来。如不加控制，山洪暴发时就会冲毁村庄。而如堵塞了溪流，不仅村里的灌溉用水成问题，山洪暴发时也会造成洪水横流。为此，村民们采取了疏堵结合的方法。元朝时就在村口修了一座回龙桥，明隆庆年间（1567—1572）又予以重建。它实际上是一道水闸，平常时节溪流可通过桥下，沿西山绕村流过，环抱着整座村庄。一旦山洪暴发，它可以发挥一定的防护功能。这座桥同时也是把守村口，防止外来入侵的关口。清乾隆年间，村民们又在桥上修筑亭子，成为村民们聚会和眺望周围景色的好去处。总之，这座桥（闸）将交通、防洪、安保、文化等多项功能完美结合起来，充分体现了当地村民的智慧。

因为这座桥对整个村庄至关重要，所以村民们将它看得极为神圣，世世代代递相告诫，"其桥既坏，村中事变频兴，四民失业，比年灾祲，生息不繁"。又有风水先生称："桥为艮象，下急而上冲其势，弛弓将西而东不利于宫"，"山为龙山，住则龙回，桥不可废。堰水作桥，龙回气聚"。因此，这座桥毁了修，修了毁，得以一直保留下来。

村南的宝泉岩，为武义著名的"武阳十景"之一，登上狮子头山顶眺望千峰奇景，两腋风生，飘飘然有云游仙境之感。宝泉岩上有宝泉寺，与回龙桥遥相呼应，更增添了整座村庄格局的整体感。宝泉岩巅的宝泉，卧虎山麓的漳泉，旱不涸涝不溢，冬温夏凉。

回龙桥东，是四百米高的龙山，占地一百多公顷，就像一个天然的屏风矗立在村边。然而，龙山极为陡峭，大部分山坡的坡度达到六七十度。如果山上的植被遭到破坏，极易形成泥石流。由于村庄就在山脚下，一旦形成大的泥石流或山体垮塌，整个村庄将会遭受灭顶之灾。因此，郭洞村民世世代代注意保护山上的树木。现在，郭洞村边还竖立有乡约牌，严禁砍伐山上任何一棵树木，不准在山上用火，违者重罚。

由于几百年来的悉心保护，现在龙山上云罩雾笼，形成了浙中难得一见的原始森林，四季郁郁葱葱，幽暗神秘，有着大量的六七百年的古树，而且树种很多，有矩叶卫矛、虎皮楠、豹皮樟、红皮树、青冈栎、罗汉松、秃瓣杜英，还有国家一级珍稀树种红豆杉。树林中天天可以听见鸟叫声，还有松鼠、黄鹿、野猪等野生动物。

脆弱的生态环境系统，使环境保护成为郭洞生死攸关的头等大事。郭洞村的村民们，从长期的生活实践中，也许还包括惨痛的经历中，深刻领悟到了保护生态环境的重要性，明白爱护山水，也就是爱护这个村庄，爱护自己的生命财产。他们尊重山水的特性，养用结合，构建了一个山、水、村浑然一体，人与植物、动物和谐相融的生态环境，创造了自己的美好家园。他们的智慧和美德，值得今天的人们景仰和借鉴。

廖可斌

# 不忘祖宗

　　五六千年前，大地还是茫茫荒野，人们的生存环境十分恶劣。炎帝神农与臣民一起，进行了人类第一次"绿色革命"，被世人尊称为"五谷王"、"药王"。

　　上古的时候，五谷和杂草长在一起，药物和百花开在一起，哪些可吃，哪些可治病，谁也分不清。神农惦记着为百姓充饥、治病，苦思冥想了三天三夜，终于想出了个办法。

　　神农带领一批臣民，从家乡随州历山出发，整整走了七七四十九天，来到一个奇异的地方。只见那高山一峰接一峰，峡谷一条连一条，长满奇花异草，遍布狼虫虎豹。

　　臣民们说，这里太险恶，还是回去吧。可神农摇摇头说："不能回！黎民百姓饿了没吃的，病了没医的，我们怎么能回去呢！"

　　那群山巍峨，山半截都插在云彩里，四面是刀切崖，崖上挂着瀑布，长满青苔，溜光水滑，没有登天的梯子是上不去的。犹豫间，神农忽然看见几只金丝猴，顺着高悬的古藤和横倒在崖腰的朽木，上下灵活地攀爬着。神农深受启发，就叫臣民砍木杆，割藤条，依山崖搭起架子，不管刮风下雨，还是飞雪冰封，耗时整一年，搭了三百六十层，才到达山顶。

　　为了给百姓找吃的，找医药，神农在这里常住下来。他叫臣民栽了几排冷杉当城墙，以防野兽，在墙内盖茅屋，以便人们休息。后人把神农住的地方叫"木城"。

　　白天，神农领着臣民尝百草；晚上，叫臣民生起篝火。他借着火

光记录下稻、黍、稷、麦、菽能充饥，并叫臣民把种子带回去，让黎民百姓种植，这就是后来的五谷；又记录下三百六十五种草药能治病，写成《神农本草》，也叫臣民带回去，为天下百姓治病。

神农终于为黎民百姓找到了充饥的五谷和医治病痛的草药，准备下山回去，可他放眼一望，遍山搭的木架不见了。原来那些搭架的木杆，落地生根，淋雨吐芽，年深月久，竟长成了一片茫茫林海。神农正在为无路难返发愁，突然天上飞来一群白鹤，把他和臣民都接到天庭去了。从此，回生寨一年四季香气弥漫，就改名为"留香寨"，那茫茫林海就叫"神农架"了。

炎帝神农是中华农耕文明的创始者。他始作耒耜，教民耕种；遍尝百草，发明医药；治麻为布，制作衣裳；日中为市，首倡交易；削桐为琴，练丝为弦；弦木为弧，剡木为矢；作陶为器，冶制斤斧；台榭而居，安居乐业。

我们从哪里来？千万莫忘祖宗啊！

赵中国　改写

# 米菩萨

1960年，罕见的天灾人祸带来了严重的饥荒，成千上万人倒下了，袁隆平也经历了饥饿的痛苦。他高高举起"用农业科学技术战胜饥饿"的旗帜，并很快培育出亩产过八百斤、一千斤、两千斤的水稻新品种。这个从偏僻的安江农校走出来的人，成长为举世瞩目的科学家，登上了"杂交水稻之父"的宝座，给人类带来了福音。

在一些人眼里，他似乎很富有，岂不知他将国际上获得的所有大奖的奖金都捐赠给了以他的名字命名的农业科技奖励基金会。

袁隆平的身价为一千多亿，可他穿着很随便。他到商场购物专挑便宜货买。那次看到货柜里有打折到十块钱一件的衬衫，他一口气买了十件，并说："这样的衬衣好，下田的时候穿起来方便，不用担心弄脏。""老人头"、"鳄鱼"等大牌服饰，他觉得穿在身上不舒服，不自在。

2001年12月，袁隆平出席香港中文大学授予他荣誉理学博士的仪式。同伴劝他买条像样的金利来领带，可他嫌贵，不肯买，到地摊上买了一条一百元港币六条的领带。

袁隆平是国家杂交水稻工程技术研究中心主任，手里每年掌握着几千万元的经费。有人要给他装修办公室，他执意不肯，说："现在的办公室蛮好，我都习惯了，有感情了，再说装修要花钱，何必浪费呢。"他的生活也极其简朴。他每天去试验田，多年来一直是蹬自行车，直到20世纪80年代起才改换为摩托车。

湖南的塔水村农民曹宏球，因种杂交水稻而致富。为了感谢袁隆平，他自己拿出五万元的积蓄，请人为袁隆平雕塑了一尊真人大小的汉白玉雕像。竣工时，乡亲们放鞭炮，扭秧歌，还在雕像前供上象征长寿与祝福的寿桃果品。在乡亲们眼中，袁隆平就是恩泽乡里的"米菩萨"啊！

袁隆平在一步一步地改变着人类的生活方式。他以做人的淡泊名利、待人的谦逊自励、做事的专注凝神，弹奏出他人格的完美乐章。

赵中国　改写

# 人文女祖

中国是世界文明古国。嫘祖，是传说中的北方部落首领黄帝轩辕氏的元妃。她发明了植桑养蚕和缫丝制衣，使人类从此脱去了树叶、兽皮，让民族告别了赤身裸体的荒蛮时代。她与黄帝一起开创了中华男耕女织的农耕文明，被誉为"人文女祖"。

黄帝战胜蚩尤后，建立了部落联盟，被推选为部落联盟首领。他带领大家播种五谷，驯养动物，冶炼铜铁，制造生产工具，而做衣冠的事，就交给了嫘祖。

嫘祖经常带领妇女上山剥树皮，织麻网，还用男人们猎获的各种野兽皮毛进行加工。于是，人们就穿上了衣服和鞋，戴上了帽子。在日夜操劳中，嫘祖病倒了。她日益消瘦，不愿进食，周围的人焦急万分。守护在嫘祖身边的几个女子，想尽了各种办法，可她一点儿也不想吃。

几个女子悄悄商量，决定上山摘些野果给嫘祖吃。她们跑遍了山山峁峁，摘了许多果子，可是一尝，不是涩，就是酸。后来，她们发现一片桑树林里结着白色的小果，便急急忙忙去摘。等筐子装满后，天已渐渐黑了。她们怕山上有野兽，就匆忙下山。回来后，大家一尝，没有什么味道；又用牙咬了咬，怎么也咬不烂。谁也不知道是什么果子。正在这时，一个老人走了过来，一听情况，哈哈大笑说："你们这些憨女子，咬不烂就用水煮嘛！"他这么一说，女子们就把小果倒进锅里，用水煮起来，可煮了好长时间还是不烂。一个女子随手拿起一根木棍，插进锅里搅。搅了一阵子，还是不烂，可把木棒往外一拉，木棒上缠着很多像头发丝那么细的白线。女子们又继续搅，不大工夫，锅里的白色小果全部变成雪白的细丝线，晶莹夺目，柔软异常。

她们把这个稀奇事立即告诉了嫘祖。嫘祖一听，马上就要去看。女子们为了不让她走动，便把缠在棒上的细线拿到她身边。嫘祖仔细看了看缠在木棒上的细丝线，又询问了白色小果是从什么山上、什么树上采摘的。然后，她高兴地对周围女子说："这不是果子，不能吃，但会有大用处的。"

说也怪，嫘祖从此病情一天一天好起来。她痊愈之后，亲自带领妇女上山去探个究竟。她在桑树林里观察了好几天，才弄清这白色小果是一种虫子口吐细丝绕织而成的。

从此，嫘祖就领着姐妹们开始栽桑养蚕、抽丝织绸、制作衣裳。

当制作出第一件丝绸衣服时，荒蛮时代结束了；当始作耒耜，教民耕种时，文明时代开始了。

　　　　　　　　　　　　　　　　　　　　　赵中国　改写

# 火车头

郝建秀自幼家境贫寒，建国前靠烙煎饼糊为生。连年的战乱使她一家连个像样的住处都没有，一个简易的棚子，夏不遮雨，冬不御寒，过着吃不饱穿不暖的生活。她小学三年级就不得不辍学，靠捡煤渣、挖野菜、赶小海，贴补家用。

新中国成立后，郝建秀来到青岛国棉六厂细纱车间，当上了一名养成工，那时她才十五岁。郝建秀工作积极认真，她发现老工人接线头非常快，一大片断线头转眼工夫就接上了。为了掌握接线头技术，她下班后不回家，站在老工人的身旁，认真地看，再自己实践，不懂就问，不长时间，接线头技术就提高了很多。

在五一国际劳动节期间，车间里开展了班与班、组与组、个人与个人之间以减少皮辊花为考核指标的劳动竞赛。郝建秀想，如果没有断线头，光纺好纱，皮辊花不就少了吗？有一次，郝建秀正在接断线头，身边忽然冲起一片花毛，花毛所到之处，就断了好几根线头。这个发现令郝建秀又惊又喜，于是她值车时，就随时清除花毛，保持车面清洁。她终于摸到了规律，值起车来感觉轻松多了，效率也提高了不少。经过观察，她又发现了一个问题，纱锭还有十圈以上不能换，换得早，容易断线头，在差两三圈的时候换最合适。就这样激起了她钻研技术、攻克难关的极大兴趣，她对工作越来越着迷，越干越有乐趣。

1951年，年仅十六岁的郝建秀创造出了一套高产、优质、低耗的细纱工作法——"郝建秀工作法"：

一、规范了巡回路线，找出了巡回规律，变机器支配人为人支配机器。

二、改进操作方法，按轻重缓急合理分配时间，将几项工作交叉结合进行，提高了工作效率。

三、抓住细纱工作的主要环节，确保机台整洁，减少断头，降低白花率。

1951 年 7 月，中国纺织工会主席陈少敏指出，假如全国的纺织工人都能达到郝建秀 0.25% 的皮辊花率，一年可多增产 44460 件纱。会议决定将郝建秀工作法推广到全国。

1952 年 5 月，郝建秀所在的小组被命名为"郝建秀小组"。自此，"郝建秀小组"就拥有了敬业、创新、无私奉献的基因，成为当之无愧的"火车头"，成为建国初期纺织工业战线上的一面旗帜，很快形成了"能手成林，标兵机台成列，表演竞赛成网，互助协作成风，先进经验成套"的生动局面。

郝建秀对国家的贡献举世瞩目，党和人民给予了她极高的荣誉。

1951 年，郝建秀被授予全国工业劳动模范称号，并应邀到北京参加国庆观礼，还受到毛主席和周总理的亲切接见。

郝建秀的影响还扩展到国外，应邀去莫斯科访问。斯大林见了她特别高兴，把她抱起来举到空中。

如今，"郝建秀小组"已成立六十年了，但始终保持着"拼搏创新，无私奉献，永远发挥火车头作用"。

世上无难事，只怕有心人。

赵中国　改写

# 改变历史的人

　　有个人是石头迷。他身边总带着一把小锤子和一面放大镜。不管走到哪里，看到石头就用小锤子敲敲，举起放大镜看看。他一看石头的颜色，一掂石头的重量，就能知道地下有没有宝贝。他整天忙着研究石头，常常忘了干别的事情。

　　他很喜欢自己的女儿玲玲。玲玲也很爱自己的爸爸。可是他整天忙着研究石头，没空带玲玲出去玩。玲玲经常不高兴，嘟着嘴，生爸爸的气！

　　有一个星期天，爸爸笑眯眯地对玲玲说："今天爸爸不摆弄石头了。咱们到郊外去，高高兴兴玩一天好吗？"

　　玲玲乐得搂住爸爸的脖子，亲亲爸爸的脸。

　　那时候正是春天，满山遍野是鲜花，像铺上了彩色的地毯，美丽极了。

　　爸爸采了一会儿野花，就与玲玲玩起了捉迷藏。玲玲藏在草丛里，爸爸一找就把她找到了；爸爸藏在田埂边，玲玲一睁眼也就看到了。玲玲又藏在一棵大树后面，专心等爸爸来找。可玲玲藏了很久很久，爸爸还是没来找她。玲玲又等呀等呀，还不见爸爸来。她等急了，就大声喊起来："爸爸，我藏在这儿呢！"可是爸爸却没有回音。

　　玲玲站起来一看，爸爸连人影也没有了。她急得刚要大哭，忽然看到远远的有个人。她跑过去一看，原来是爸爸蹲在泉水边，举着放大镜在看一块块石头呢！

　　晚上回到家里，玲玲很不高兴。爸爸就在玲玲的耳朵边小声说：

"别生气了，我去做几个好菜给你吃。"玲玲一听，高兴得跳了起来。

不多会儿，菜烧好了。可有个菜的味儿太淡，需加点酱油。爸爸说："是我没烧好，该罚我去拿！"说着，就跑到厨房里去了。

玲玲和妈妈等呀等呀，可酱油总也没拿来。玲玲侧着耳朵一听，厨房里有说话的声音。

可等玲玲跑到厨房，爸爸转眼就不见了！原来，刚才来了一位叔叔，与爸爸一起又到实验室研究石头去了。

他们研究了好长时间，爸爸才想起玲玲和她妈妈还等着自己拿酱油呢！

爸爸回到家已很晚了。玲玲已经睡了，还用被子蒙着脑袋呢。爸爸走过去，把被子轻轻掀开来，可怎么被子里睡的不是玲玲，而是一大堆摆成人样的石头呢！

爸爸这才想起来，玲玲跟妈妈去外婆家了。他笑了笑，对自己说："他们让我和石头人睡在一起呀！"

这个改变历史、创造时代的人就是大名鼎鼎的"中国地质学之父"李四光。

李四光的生活重心已完全偏向石头了。石头是他的爱，石头是他的命，石头是他思维的全部，石头是他推翻中国贫油论的法宝，这才有了石油滚滚涌出来的风景。

赵中国　改写

# 王进喜钻井队为国立功勋

那是令人难忘的 20 世纪 60 年代。

3 月的大庆，朔风呼号，滴水成冰。

几万人从全国四面八方汇集到白山黑水间的荒原上进行石油大会战。王进喜和他的一二〇五钻井队面临着许多难以想象的困难——茫茫一片荒野，没有厂房，没有村落，没有公路，没有车辆，没有生活必需品，没有休息的床铺，几乎一无所有。

王进喜带领的一二〇五队，一连好几个晚上，围着篝火讨论怎样对待困难。工人们异口同声地说：拿下大油田，哪能没有困难？国家缺油才是最大的困难。

那时，钻机还没有运到，他们天天派人到车站去等。几天后，钻机终于运到了，但是吊车、拖拉机却不够用，六十多吨重的钻机躺在火车上卸不下来。王进喜说："没有吊车，咱们有人。只要有人，咱们就能想办法把钻机卸下来。"大家从清晨干到太阳偏西，硬是用绳子拉，撬杠撬，木块垫，把钻机从火车上卸了下来，并运到井场。之后又花了三天三夜，把四十米高的井架竖立在荒原上。

然而，要打井，必须要用水，可水管线还没来得及架设好，大伙急切地说："咱们就用盆端！"

王进喜带领工人们与井场附近的农民一起，终于奇迹般地用人力一桶一桶端来几十吨水，提前开钻了。

1960 年 4 月 14 日，一轮红日从东方升起，巍峨的井架披着金色的霞光。井场上一片繁忙，王进喜大步跨上钻台，握住冰冷的刹把，纵

情大喊一声："开钻了！"这声音威武雄壮，气吞山河！正像王进喜在一首诗中所写的那样："石油工人一声吼，地球也要抖三抖！"

　　经过五个紧张的日日夜夜，大庆会战的第一口井终于喷出了乌黑发亮的原油。王进喜和工人们围在井场的周围，欢呼着，眼看着那高高喷起的油柱，兴奋得忘掉了一切。

　　这沉睡了几千万年的大油田啊，终于乖乖地打开了大门。

　　5月1日，天刚蒙蒙亮，王进喜在井场上指挥工人放井架"搬家"，忽然一根几百斤重的钻杆滚了下来，砸伤了他的腿。王进喜痛得昏了过去。等他醒过来一看，井架还没有放下，几个工人都在忙着抢救他。王进喜急了，对大家说："我又不是泥捏的，哪能碰一下就散了？"说完，猛地站起来，举起双手，继续指挥拆卸井架。血从他的裤腿和鞋袜里浸了出来……

　　被送进医院的王进喜，也安不下心来。一天深夜，王进喜深一脚，浅一脚，挂着拐棍，回到钻井队。虽然腿上的绷带沾满了泥，他还是挂着拐棍上井去了。

　　当打第二口井的时候，王进喜的腿伤还没好，可他仍然成天挂着双拐在井场上来回指挥。一天，轰隆一声，钻机上几十斤重的方瓦忽然飞了出去，这是井喷的迹象。如不压住井喷，不仅井毁人亡，连那高大的井架也要被吞没到地层里去了。在这危急时刻，王进喜忘记了病痛，立刻奔上前去。那时连重晶石粉都没有，他当机立断决定用水泥代替。一袋袋水泥倒进泥浆池，因没有搅拌机，水泥都沉在池底。王进喜把双拐一甩，纵身跳进了泥浆池，用自己的四肢来搅拌泥浆。几个小伙子也跟着跳了进去。他们整整奋战了三个小时，险恶的井喷终于被压了下去，油井和钻机保住了。王进喜的全身却被泥浆烧起了一个个水泡。

王进喜日夜奋战在井场上。饿了，啃几口冻窝窝头；困了，倒在排好的钻杆上，盖件老羊皮袄，头枕钻头休息一会儿；天下雨了，头顶雨衣也不离开井场。

工人们见他一天天消瘦，眼眶深陷下去，关切地让他注意休息。他却说："宁可少活二十年，拼命也要拿下大油田！"井场附近的老乡们被王进喜的拼命精神感动了，夸赞说："王队长真是个铁人啊！"

"铁人精神"是一面旗帜，凝聚着工人阶级的朴素情感；"铁人精神"是一种力量，凸显了坚忍不拔的创业勇气；"铁人精神"是一种标志，展现了民族不畏困难的英雄气概。

赵中国　改写

# 西溪湿地美如画

我单知道杭州是和苏州齐名的"人间天堂",却不知她还有一个"养在闺中人未识"的美女:西溪湿地。

那天,秋风秋雨,子青带我去游西溪。车子沿着天目山麓前行,俄然看见一片依旧青葱的树林在细雨微风中轻轻摇曳,好像欢迎我们的到来。这就是西溪湿地了。

子青告诉我:西溪湿地距离杭州西湖五公里,在杭州天目山麓的延伸段,是罕见的城中次生湿地,曾与西湖、西泠并称杭州"三西",是目前国内第一个也是唯一的集城市湿地、农耕湿地、文化湿地于一体的国家湿地公园,具有"杭州之肾"和"副西湖"的美誉。

子青说:西溪之胜,首在于水。水是西溪的灵魂,园区约70%的面积为河港、池塘、湖荡、沼泽,正所谓"一曲溪流一曲烟"。"烟"者,当指水雾和雨雾,似烟似云,薄纱一般荡漾在湖面、树梢和小道,如诗如画,今天就是这样令人陶醉的好日子。整个园区六条河流纵横交汇,水道如巷,河汊如网,鱼塘鳞次栉比,诸岛星罗棋布,形成了西溪独特的湿地景致。

进到园中,买好船票,西溪之水托起我们的一叶小舟。顺水道前行,两岸茅舍悠然,芦苇丛生,间或有一簇簇水生植物顶着或黄或红的花蕊,像是有意来点缀这迷人的秋色。湖面上浮萍片片,莲叶依旧不褪翠绿,荷花残影摇曳,仿佛坠满淡淡的惆怅。野鸭水鸟不懂残红,只是快乐地悠游在水面。我们不说话,一任发丝一样的细雨抚摸发丝,但愿它能浸濡心灵,洗去忧烦的苦闷,带来被喧嚣的生活驱走的安宁。

　　依依不舍地弃舟上岸，我们行走在小道和田埂上。那些野草和落叶踩上去松松软软的，让我朦胧地记起从前的故事：一样的秋风，一样的细雨，一样踏着落叶，走在故乡的小道上。但感受和时光一样地老去。在西溪重拾青春的记忆也是一份福气。我们走上铺着卵石、石板的园路，一些雨水淋湿的芦花坠落在肩头，好像儿时的旧友又来问候，而树上的松鼠精灵般地跳跃，岸边水獭神气地伸出它油亮、美丽的小脑袋，滩涂上水鸟优雅地梳理着自己的羽毛，鸟巢中依稀传来小雀的呢喃。这一切，让我进入"我或非我，身处何方"的迷境。所谓"人间天堂"或许正是此之谓也。杭州人真的是福人了，他们不仅有西湖，还有西溪。

　　　　　　　　　　　　　　　　　　　　舒扬　改写

　　来吧，朋友们！请来西溪！西溪风景区是仅次于西湖风景区的杭州市第二大风景区，总面积约六十平方公里，已有一千多年历史。区内有一百零八个景点。自唐代以来，西溪就以赏梅、竹、芦、花而闻名。相传，旧时从秦亭山舟行至留下十八里，沿水有十八座桥、十八个湾，沿山有南宋十八里辇道。如此美景能忽略乎？游罢西溪，自愿为它做此广告！

# 宁静的乡村

一千多年前的乡村是怎样地宁静啊！南宋诗僧释志南在《绝句》里为世人留下了一幅清新美丽的画卷：

古木阴中系短篷，
杖藜扶我过桥东。
沾衣欲湿杏花雨，
吹面不寒杨柳风。

诗人在古木青葱的河边系下短篷（小船）。上岸后，他拄着杖藜咚咚地过了小桥向东漫行。诗人从漫长的寒冬里，从蛰居的斗室中，悠闲地漫步出游。

在这杏花盛开、杨柳吐青的时节，蒙蒙细雨携着杏花的芬芳，打湿了人们的衣衫。那被杨柳筛滤过的风，伴着柳叶的股股清香，软软的，暖暖的，宜人，醉人。

柔柔轻风细细雨啊，诗人悠然游进了杏花雨里，游进了杨柳风中，游进了莺歌燕舞的春天里。

诗人扶杖东行，一路杏花红灼灼，绿柳舞翩翩，一程飘飘杏花雨，拂拂杨柳风。这是多么爽心的春天啊！在远离俗世，抛却红尘的诗僧看来，这大概就是孜孜追求的光明、清净、快活的极乐世界了。

大自然的美呀，衬托出了人的真、善、美。

　　编者按：在农业文明时期，中国创造出独特的渐进的田园诗一般的生活方式。只要风调雨顺，政通人和，便是男耕女织、自给自足的好日子。西方哲学家曾经赞美这种生活方式，并且预言这种生活方式会被全世界所接受。但我们不能停止于此，怎样建设我们的新生活又能继承我们传统的优秀文明，是我们的紧迫课题。

# 当月季花盛开的时节

睹花思人。每当春夏月季花盛开的时节，我就不由得想起已离世三十八年的蒋恩钿。

那是 1950 年，旅居美国的蒋恩钿和丈夫爱国情深，回到了魂牵梦绕的祖国。

海外归来后，他们夫妇经常去看望一位体弱多病的旅欧归国华侨吴赉熙。吴先生钟情于月季，倾平生之力，引进了二百余个国外月季新品种。谈话中，吴先生常流露出无尽的忧虑，叹息自己年事已高，生怕手里的珍贵月季品种随自己一起老去，凋零。蒋恩钿郑重地向吴先生承诺："一切，请放心。"

转年，七十岁的吴先生病逝了。蒋恩钿履行了自己的承诺，接受了吴先生临终前的嘱托，费尽心思把吴先生家的四百余株月季移栽到自己家中，并精心培育。就这样，吴先生虽去，可花开依旧。

1953 年，蒋恩钿的丈夫调到天津工作，她不得不把这四百余株下地才两年的珍贵花株从北京移到天津。辛苦归辛苦，可月季花更加精神，更加美丽了。

谁也想不到，研读西洋文学的蒋恩钿竟与月季花结下了不解之缘。

1958 年，时任北京市副市长的吴晗专程到天津看望他的清华老同学蒋恩钿。当他看到那满园争奇斗妍的月季花时，心惊了，心动了，立即邀请蒋恩钿参加为迎接国庆十周年而进行的城市美化工作，并提议在新建的人民大会堂周边建一个月季园。

蒋恩钿已经成了园艺专家，不仅爱花，更识花，只要一看叶子，

就知道会开什么颜色的花。

为了装点北京，蒋恩钿把自己园中的月季花全部捐给了人民大会堂月季园。移植仅仅几个月，在国庆十周年前夕，数百种月季完全按照蒋恩钿事先设计安排的图案准时绽放。月季园为新建的人民大会堂增添了缤纷的色彩，众多市民和游客纷至沓来，驻足观赏，周恩来总理也赞不绝口。

月季园成功后，蒋恩钿出任北京市园林局顾问。

从 1959 年到 1966 年的七年间，蒋恩钿全身心地义务投入到月季培育事业中。她的工作地点在天坛公园，却不拿天坛公园的工资，每月只领取往返京津五十元的车旅补贴。

1963 年 5 月中旬，蒋恩钿辛勤劳作的天坛公园，迎来了第一个月季花季。那情景让人激情飞扬，到处是人头攒动，热闹非凡。普普通通的老百姓从五彩缤纷的月季花中，看到了祖国的美好未来。国家领导人朱德、陈毅、郭沫若等也到天坛月季园来参观。陈毅还开玩笑地对朱德说，你喜欢兰花，为兰花司令；蒋恩钿喜欢月季，是月季夫人。从此，人们就以"月季夫人"来称呼蒋恩钿了。

到 1966 年前，天坛的月季园已拥有三千多个品种。除天坛公园外，蒋恩钿还在陶然亭公园建起了月季园。

蒋恩钿的名字少有人知晓，可她却让人想起陆游的诗句"何方可化身千亿，一树梅花一放翁"。蒋恩钿与月季花已融为一体了。那优雅的花香亲吻着养育她的黄土地。这花香就是她的爱国情，就是她的爱国魂。

孙君琪

# 环保传道士

廖晓义是民间环保组织"北京地球村"的创办人，是中国第一位获得有"诺贝尔环境奖"之称的"苏菲环境大奖"的人，是中国环保事业的先行者、守望者，是四川"乐和家园"的建立者。她通过这个试点建设，推动了中国绿色社区的理论与实践，推进了26度空调节能行动、生活垃圾分类行动、无车日、绿色选择、节能20%公民行动等民间组织的联合行动。

在"5·12"汶川大地震后，廖晓义回到四川——她的出生地，想为灾区做点儿什么。最终，她选择了非同一般的重建方式：建立以大坪村为项目点设计的"乐和家园"。她大部分时间都在大坪村，身穿"村装"，扛着锄头和村民一起走在田间地头，和本地的农妇并无不同。所以廖晓义被人称为"廖娘"。这个"乐和家园"和"地球村"也是她宏大的环保实践。

"乐和家园"建立了村民生态协会。村民们在"乐和家园"协议书上摁下手印，支持集体修建生态民居，支持建立手工刺绣、养殖、蔬菜种植等经济共同体。与通常的"公司＋农户"的经营模式不同，廖晓义和大坪村村民尝试的是"公益＋农户"的经营模式，有点像诺贝尔和平奖得主尤努斯提出的"社会企业"模式的实践。

廖晓义的环保思想与众不同。她的理念已从"生活环保"转向"生命环保"。这种转变的过程是一个从传统文化中寻找环保智慧的过程。"环境恶化的症结在哪里？在于人类很不明智地选择了过度依赖物能的生活方式，而忽视了心能和体能。人类只知道拼命掘取外界的能量，而不懂得开发自身的能量。在中国的古老文化里，就可以找到智慧，那就是增体能、蓄心能、惜物能，借锻炼而不吃药来达到健康长寿；借参与公益活动而不是治疗来抚慰心灵；借增强个人智慧而不是依赖物质的施舍来获得幸福感。这样你就会发现，你的生活就是环保生活。"这段话是廖晓义对自己环保理念的概括。

廖晓义是世俗社会里的"异类"。她用中国人特有的勇气和智慧开创出了一条有特色的环保之路！上世纪 90 年代，当人们争抢着出国的时候，廖晓义却选择了回国。她在"自愿放弃美国绿卡登记表"上签字，理由一栏写的是：留在中国搞环保。廖晓义从来不安装空调："这不仅是环保的问题，更重要的是健康。自从人进入恒温环境以后，人的生命功能就在退化，夏天不出汗，毛孔该张的时候不张；冬天毛孔该收缩的时候不能收缩。"

廖晓义是永远的无车族，她愿意乘坐地铁或公共汽车，只在赶时间或交通实在不便时，才选择打车；尽可能地不坐电梯；除了夏天，一周只洗一次澡；不买也不接受朋友赠送的羊绒制品……

廖晓义用自己的行为传达出一个理念：少一些物质欲望，多一些精神富足。这种崭新的"生命环保"将伴随你健康幸福的一生。

赵中国　改写

第三编

人之编

# "范张鸡黍"和"素车白马"

中国古代的士大夫，把成为君子作为自己人生修炼的目标，其中特别强调要守信用，并因此发生了许多感人的故事。其中之一是所谓"范张鸡黍"和"素车白马"的传说。

据范晔《后汉书·独行列传》记载，范式，字巨卿，山阳（今属陕西）人。年轻时到京师（洛阳）太学游学，与汝南（今属河南）张劭结为好友。后两人同时告归乡里，分别时，范式对张劭说，两年之后，我将回京师，路过你家，前往拜望你的双亲，并看看你的孩子。到了约定的日子，张劭让母亲杀鸡，蒸黍米饭，准备招待范式。他的母亲笑着说：两年之前的约定，山阳离这里几千里，你怎能保证他按时到呢？张劭说：巨卿是个守信用的人，不会失期的。母亲于是准备酒食。到了约定的日子，范式果然到达，升堂拜见张劭的父母，然后一起饮酒，尽欢而别。

若干年后，张劭不幸染病。临死前，他对朋友感叹，想念范式。不久张劭病故，范式梦见张劭前来诀别，醒来立即告假奔丧。范式还没有到，张劭已经发丧，在墓地下棺时，灵柩怎么也不肯入穴。张母抚棺叹道："儿啊，你还有未了的心愿吗？"大家正在疑惑之际，只见远处大道上一人乘着送葬的白马白车，一路号哭，飞奔而来，正是范式。他扑到张劭灵柩前，拜倒在地，在场的人无不感动流涕。

　　这些动人的故事，一代一代传颂下来，成为中国古代仁人志士的基本文化记忆和人生信念。直到今天，它们仍然具有强烈的感染力。谁说中国人历来不讲信用？

廖可斌

# 王夫之目送客人三十里

　　王夫之是明末清初的抗清志士。他生于明历四十七年（1619），崇祯十七年（1644）年清兵入关时，他二十五岁。1647年，清军攻陷衡阳，王夫之的二兄、叔父、父亲均于仓皇逃难中蒙难。次年，他与好友管嗣裘等在衡山举兵抗清，失败后逃奔南明永历政权，被任命为行人司行人。为弹劾权贵，险遭残害，逃归湖南，晚年隐居衡阳石船山麓，筑茅庐以居，过着极为清贫的生活。他目睹明末社会的种种弊端，亲身经历了明清易代的沧桑巨变，痛定思痛，认真探讨明代灭亡的原因，并由此而扩展到对中国古代历史文化和一系列哲学问题的深入思考，著书数百卷，成为一位伟大的思想家。

　　在石船山隐居的日子里，王夫之终日看书、思考、写作，很少走出书房，家人也难得看到他的身影。当时有一种说法，说是所有土地已经被清朝占领，王夫之保持民族气节，坚持自己明朝遗民的身份，不愿踏上清朝的土地，所以不下楼。不管这种说法是否属实，反正王夫之确实是很少下楼。

　　有段时间王夫之病了，一位朋友闻讯前来探望。临走时，王夫之对他说，我身体虚弱，不能下楼送你，就在楼上目送你三十里，以表心意。客人表示谦让，请他不要这样劳累自己，然后拱手告辞。走到路上，朋友想，大家都说王夫之是个特别讲信用的人，说到一定做到，今天莫非他真能目送我三十里？朋友将信将疑，于是走到十五里地时，折转身往回走。走到距王夫之住处不远的地方，他看见王夫之真的还站在楼上，目向远方。

　　有人也许认为王夫之这样做未免太迂腐，其实不然。守信用不仅是尊重别人，为别人的利益着想，更重要的还是为了自己的那颗心，为了自己的人格。如果说了不做，即使别人不知道，自己心里是明白的，自己算是什么人呢？自己如何面对自己的灵魂呢？这实际上是对自己最大的伤害。

　　王夫之这样的伟大的人物，能以惊人的毅力，严格要求自己，做到不自欺，不欺人，努力追求自己人格的完善。这种精神力量，令人震撼。

廖可斌

# 说到做到

　　沂蒙山区有一个小镇。那里的人淳朴憨厚。小镇只有一条街，街上只有一家理发店，店主叫顾彤彤。

　　一天，店里来了个衣衫褴褛、蓬头垢面的人。顾彤彤热情地招呼他坐下，并认真地给他剪起了头发。那人说自己叫彭海，在附近的建筑工地打工。理完发的彭海精神多了，俨然换了个人似的，很帅。

　　该交钱了。彭海难为情地说没钱，并说他身上只有一张前几天买的彩票。彭海说："如果我中奖了，把奖金的一半送给你，怎样？"

　　顾彤彤笑了，他知道彭海中奖的几率微乎其微，几乎是零，但他怕对方难为情，还是玩笑似的答应了。

　　奇迹真的发生了。几天后，彭海的那张彩票竟然中奖了，奖金高达三十万元。彭海拿着十五万元来补交理发费。顾彤彤笑了，说绝对不能收，收了要折寿的。

　　诚实守信是人格的底线，若失去了，人就贬值了。

张冠

# 打公用电话

一天早晨，妻子打开小卖部的窗口，刚把公用电话摆到柜台上，就有一位女士用电话。当女士放下话筒时，妻子看了一下计时器，告诉她收费三元。

女士从精美的手袋里掏出一张百元面值的钞票递过来。妻子没有零钱找给她。小卖部属微型经营，有时一天也卖不了这么多钱，何况又是才开门。妻子说，你什么时候有零钱再送来吧。

女士脸上现出惊讶的神色，问妻子："你认识我吗？"

妻子细看她一眼，说："我不认识您，可我信任您。"

女士不再说什么，转身离去了。十几分钟后，这位女士又来到小卖部前，把三元钱电话费送给妻子。她说，特意去了一趟百米外的农贸市场，换开了一百元钱，回来送这三元电话费。妻子接过钱，说："麻烦您了，不送也没关系的。"

女士说："我出公差到这个小城，早上顺便打个长途。我要是没给电话费走了，你也无法找到我。但能被人信任不容易，要珍惜。"

被别人信任的感觉真好。

倘若没有人与人之间的相互信任，那社会不就瓦解了吗？

赵中国　改写

# 谦虚的孔子

中国是个文明的国度，素称"礼仪之邦"。

两千多年前的春秋时期，孔子在鲁国享有极高的威望，但他并没有因国人的极力推崇而骄傲自满，而是更加谦虚谨慎。"三人行必有我师"，孔子是这么说的，也是这么做的。

那一年，孔子和弟子们周游列国，不辞辛苦地到处宣扬自己的政治主张。

一天，他们驾车在路上遇到一群孩子在玩筑城墙的游戏。孩子们把路上的土堆起来，再用一些碎石瓦片堆砌成一座小小的方形城池。筑完后，只见一个孩子往里一坐，俨然像个大老爷，悠然自得。其他的孩子则在旁边鼓掌欢呼。

心急赶路的孔子走下车对坐在城池里的孩子和蔼地说："小朋友，你不该在路当中玩呀，我们的车可怎么走啊！"

孩子却平静地说："老人家，您看这是什么？"

孔子往地上一看，是用碎石瓦片堆砌的一座城池。孩子反问道："听说圣人上知天文，下知地理。从古至今，只听说车避城，哪有城避车的道理？"孔子哑口无言。

孔子觉得这孩子聪慧有礼，便问："小朋友，你叫什么名字？几岁啦？"

孩子说："我叫项橐，七岁！"

孔子回过头对弟子们说："项橐七岁知书达理，他真的可以做我的老师啊！"

　　"昔仲尼，师项橐，古圣贤，尚勤学。"《三字经》里的这段话讲的就是这个故事。

　　谦虚谨慎的品性，成就了孔子万世师表的美名。

孙君琪

# 有修养有礼貌的小顽童

陈元方是东汉时期的大才子、道德家。

他小时候有一段轶事：

有一次，陈元方的父亲陈寔邀朋友同行，约定在某日的正午相会。可这天已过了正午，朋友却还没有到来。陈寔见朋友违约，便不再等，径自走了。

过了一会儿，朋友来了。

他见陈寔的儿子元方在门外做游戏，便问："你父亲在家吗？"

七岁的小元方回答说："父亲等了您很长时间，您不来，他只好先走了。"

那人愤愤地说："约定一起动身的，却甩掉我独自走了。这太不够朋友了！"

元方一听，也有点愠怒，回答说："您同我父亲相约在正午一起动身，可过了正午您还没来，这是您不守信用呀；您当着别人儿子的面，骂他父亲，这是您不礼貌呀。您怎么不反省自己，反倒埋怨别人呢？"

这位朋友听了，十分羞愧，赶紧弯下身子抱起小元方，连连向他赔礼道歉。

守信是人的立世之本啊！

小小顽童陈元方多么有修养，多么有礼貌呀。

孙君琪

# 树　叶

　　我知道，病房里最强烈的情绪便是对生命最浓最执著的爱与追求。过去，我总以为医院与死亡挂钩，现在我明白了，我几乎没有想过，一片树叶会有这么多的变化和色彩；我也从没留心过树叶对于树枝的装扮有多么丰富。活了五十多岁还没有空儿整天瞧着同一根树枝发愣。这回好了：从春到夏，我守在一个窗口，盯着一根树枝，从早看到晚。

　　当杨树枝头刚刚鼓起花苞的时候，我就住进了这间病房。春节刚过，暖风还待在老远的南方。树枝可是等不及了，它们急急忙忙攒足了汗水，从根到梢让自己活软起来。病房里极静，日日夜夜只听得见窗外的风声。北京的春天多风，过去令我厌烦，可此刻我却盼着有树枝在风中敲打窗户。在静静的病房里，风声就变成了命运交响曲。树叶、花蕊就是生命的精灵。它们每天探头探脑地从窗外向我问安，我还好意思不给它们一脸好气色吗？

　　小时候管杨蕊叫"杨树狗子"。那时淘气，捡起落在地上的杨树狗子，插在鼻孔里成为两绺紫檀木色的胡须，背着手在人前走来走去，神气一番。那时候说什么也想不到自己会老，更想不到自己老了会成什么模样儿。才多少时候，咔嚓一下，我老了，满头华发，婴儿似的躺在病床上望着窗外的杨树狗子。

　　终于听见了沙沙的春雨声。往日里春雨真的像听不见，因为哪怕是再细微的市声也盖过了春雨润物的声音，可是今儿听到了。不知为什么，竟会有泪珠爬上了我的睫毛。从知道自己得了凶险之病起，我可是没掉过眼泪呀！我知道掉眼泪没用，病不怕这个。可为什么外头

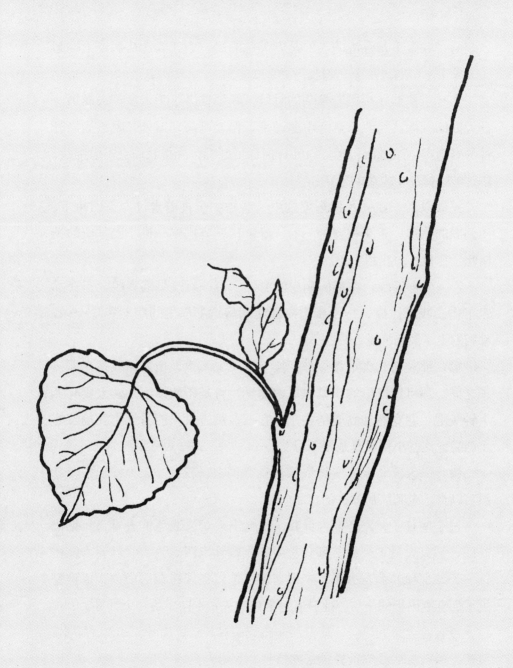

下起雨，我眼里却湿漉漉了？是春天惹的祸，它让我想从病床上跳起来去外头淋一淋。从今儿起我当更喜欢春雨。

当叶子像婴儿般攥着拳头的时候，我被推进了手术室，去经历一番大限的预演。当我从麻醉中醒过来，伴着剧痛，窗外又飘进滴滴答答的春雨声。这一回，雨打嫩叶，声音更好听，弄得我简直不敢呻吟，怕这呻吟搅乱了生命的乐章。

三天以后，在一片树影婆娑中，我被护士推着走过春天的树下，回到我的病房，歪头往窗外一看，好家伙，齐刷刷一排小巴掌似的杨树叶子在窗外向我招手。

Z医生告诉我，在那间病房的窗外，有一对筑巢的喜鹊，正在加紧工作。我忍住痛，一步步蹭向那间病房。那屋里的病友和我一样，都招惹上了同一病魔。

噢，那对鸟儿真不赖。一个接一个飞上飞下，衔来树枝搭在那枝丫之间。那可怜巴巴的小巢在风中摇晃，可是不敢掉下来。大概有半个钟头吧，它竟然加高变结实了，直到鸟跳进去只能看见它高扬着的小脑袋。这些小精灵真是了不得。

树叶一天天长大，变得浓绿，变得稠密，我也一天天好起来，竟然可以自己走到病房外去治疗了。

过了些日子，Z医生告诉我，小鸟出来了。我急忙去看，只见树叶间，一只大鸟飞来，在那鸟巢中齐刷刷伸出四只张大的鸟嘴。就在这一天，那屋的病友去了，走得匆匆忙忙。也许在最后一刻，他也瞥见了那刚刚出世的小鸟，他带着对生命的礼赞走向了另一个世界。

没有对生命的热爱，就没法儿整天面对死亡。树叶、小鸟、雨水、风声，所有从活泼的世界捎来的信息，都给人生以力量，让死亡倒退。我知道我正在步入老境，但老并不意味着对生活失去兴趣。生理的衰退远不如心理的老化可怕。

当窗外的树叶终于搭起一片浓荫时，我走出了医院。痊愈与否，交给自然，交给命运，我拥有的是自信与期望。就算是梦想，难道我没权利做个好梦吗？就算我是根干枯的枝条，毕竟度过了所有的季节，不论是翠绿还是枯黄的树叶，都会在我的枝头装点出一幅好的风景。

苏叔阳

# 负荆请罪

公元前 283 年，蔺相如以其高超的智慧和大无畏的勇气不辱使命，完璧归赵，深得赵惠文王器重，回国后不久，就被提升为赵国的上大夫；后又因在渑池之会的大功，被升为上卿，位居老将军廉颇之上。

曾为赵国立下赫赫战功的廉颇为此心中不快。他觉得自己久经沙场，出生入死才得到上卿的官职，而出身低微的蔺相如却凭着两片嘴皮子就获得殊荣，位居自己之上，心里很不服气，于是就四处扬言：我要是遇到蔺相如，非得好好羞辱他一番不可。

蔺相如听到这个消息后，并没有上报赵惠文王，也不打算和廉颇硬碰硬，反而吩咐手下人采取避让措施，自己也时常假托有病不去上朝，唯恐与廉颇见面过不去。

有一次，蔺相如乘车外出，看见前面廉颇老将军的车队正巧路过，便赶忙叫人绕路让行。蔺相如身边的人见此情形，愤恨不平，认为蔺相如官位是因功由大王所赐，凭什么见到位于己下的人还要低人一等？他们都认为蔺相如太软弱了，完全犯不着。更有甚者，觉得再这样下去，对方会得寸进尺，让自己的面子都没地儿搁，还不如一走了事。

蔺相如知道后，把身边的人召集到一起问："你们看是秦昭王厉害，还是廉颇老将军厉害？"大家不解其意，但都毫不犹豫地回答："当然是秦昭王厉害！"

蔺相如因势利导，进一步解释说："你们想想看，秦昭王那样厉害，我都敢在秦国当庭斥责他，我就是再不中用，也不至于单单惧怕

廉颇老将军吧！你们再仔细想想，强暴的秦国为什么不敢侵犯赵国？就是因为我们赵国的文臣武将戮力同心。我与廉颇老将军好比是两只老虎，两虎相斗，只能让我们的敌人感到高兴并有可乘之机，但若那样的话，我们赵国可就危在旦夕了。我之所以对廉颇将军避让，就是因为把国家的安危放在前头，而不能只顾及个人的面子和恩怨呐！"

听了这番话，所有在场的人都深为感动。从此，这些人都以蔺相如为榜样，时时处处留心学习宽容与谦让。

不久，这件事传到了廉颇的耳朵里，这位性情耿介的老将军被蔺相如的高风亮节和大肚能容所感动，反思自己的言行，真是既羞愧又懊悔。

于是，他脱掉上衣，让家人在自己的背上裹缚荆木枝条，并让宾客带着到蔺相如府上请罪。一见到蔺相如，廉颇老将军便拜，希望蔺相如用荆条抽打他，以解心头之气，同时还极为诚恳地说："鄙贱之人，不知将军宽之至此也。"意思是说：我是个粗陋浅薄的人，真没想到将军对我如此宽宏大量啊！

蔺相如赶紧躬身相拜，亲自为廉颇解下背负的荆条，放在一边，然后恭敬地请他坐下，并恳切地与其共叙国家大事与同朝之谊。

从此，两个人坦诚相待，成刎颈之交。及至他们二人过世，秦国始终不敢对赵国轻举妄动。

张冠宇

# 来生再也不爱你：
# 一段凄美、感人的爱情故事

—— 孙教授给娟娟的信

娟娟：

　　我不知道你是哪个系的学生，也不知道你是否听过我的课，只好用你的署名称呼你。但我感谢你的来信，因为这表示你对我的信任，而且给了我一个更加认真思考关于爱情的真谛和价值，这个人生大问题的机会。

　　记得很久以前，一位诗人说过：

> 别，别对我说你"爱"
> 更不要说出缘由。
> 倘使爱能分出条款，
> 那它只是杯廉价的甜酒。
>
> 爱，是一首无字的歌，
> 要用全身心去感受；
> 爱，是一条漫长无尽的小道，
> 要用整个生命去走。

　　当时我觉得这位诗人过于理性，缺乏点激情，把如火的爱恋和浪漫的痴迷弄得像哲学的短句。他或她一定是位枯燥无味的人物。后来，我的年纪和岁月的浸染让我慢慢体味到爱情的确是难以言说的情感，虽然有许多哲人、思想家论说爱的理论，无数文学家、艺术家歌颂爱情，而且把爱作为艺术永恒的主题之一，然而还是有一代代人在爱的路上跌倒或者昏死。对不起，我从你的信中感到，你，纯真的姑娘，也正在这小路上时而清醒，时而晕迷，时而快乐又幸福，时而苦恼又悲伤。所以来问我这个老头子："怎么办？"

　　我只能给你讲个故事，一个真实的故事，这是我过去的学生的故事。主人公？姑隐其名，男士曰"王生"，女士称"隆娘"。从名字上你会知道他们都是南方人。他们在进入大学的时候相爱了。没有什么戏剧性的情节，只是王生早几天报到。因为他的家在南方偏僻的山区，他怕交通不便，耽误了时间，加以将入大学带来的兴奋，让他早早动身来到遥远的北京。他步行到县城，又乘那时候的普通客车一夜两天来到学校。一个寒门学子最知道该怎样花费那微薄的收入，那是他的寡母为人做家务和自己半工半读挣来的辛苦钱。他报到后几天，就做志愿者在车站、在校门口迎接后续来报到的新生。

　　在校门口他接到了隆娘。隆娘是一位老干部的女儿，她的妈妈是位司局级的领导，在省城里自然称得上"高官"。隆娘的哥哥在战争年代寄养在农民家里，长大后才回家，直到今天还在亲生父母和养父母家来回奔走，为养父送终，又担负起赡养义母的全部责任。如今他的年龄大约比我小十几岁，也该过了花甲之年了吧。比起这位不善言辞的"农民哥哥"，隆娘有如公主。一切公主应有的优点和毛病她都有：活泼、自信、骄傲、矫情；敏感、腼腆、幻想连绵却又能坚持理想。她丽质天成，却又讨厌人们称她为"美女"，聪明却故意装傻，羡慕那些不露才智而勤奋努力的人。总之，她让人有点难以琢磨。

那天中午，王生在校门口迎接到她，把她的五六件箱包放上手推车，又背起她的一个小包，让公主殿下轻松地甩手步行。北京的夏末，天气犹如婴儿的脸，哭笑无常，有时一块流云蔽日便突降暴雨，却又霎时雨停阳光暴晒。当他们走近女生宿舍楼时，大雨不期而至。王生赶紧脱下上衣，披在隆娘头上，自己穿着背心，快跑着把手推车推进楼门。当按照门口的宿舍名单，把隆娘的行李背上三楼后。隆娘感激地问道："师傅，这点钱请您务必收下，可以吗？"那是两张十元的钞票，当时的币值大约是今天的十倍左右，是笔不小的钱。王生愣愣地瞧着她，微微一笑，接过钱，扭身走了。

开学前两天，隆娘接到宿舍管理员转来的一封信，里面夹着一张十元钞票，信中写着："非常高兴你能超倍报答为你服务的劳动付出，但我是志愿者，不收取报酬。何况我是你的同班同学。为了庆祝我们即将开始的新学年，我冒昧请你吃饭，我请客，你掏钱，以那十元为限。如蒙恩准，明日下午四时东校门见。你想吃北京菜吗？我们一起冒一次险，听说豆汁儿又酸又臭，我想试吃一次。"结果可想而知，第二次握手由彼此的歉意到释怀的微笑，从拘谨到松弛的调侃，再到彼此友善的自我介绍，进而到真诚的信赖。这顿北京的砂锅菜，外加两碗豆汁儿，不到十元，催生了两位青年才俊一生美丽的诗篇。谁说美食只能果腹，它还能营养灵魂和情感。临分手，两人相约互相帮助，建立友谊，简直可以称为兄妹。王生送给隆娘一个母亲缝制的小钱包，里面装着这次十元晚宴找回来的零钱。

这段往事，是他俩事后亲口对我说的。"文革"的时候我曾被批判"为学生保媒拉纤"。真是冤枉。他们的爱情生长之迅速，直如升空的火箭，何劳旁人催化？何况他们此后的关系简直无可挑剔，无论学业、社团工作、社会实践，样样优等，彼此促进。自然，他们之间也有燃烧的情热和人为的苦闷。这人为的痛苦，一面是客观的阻力，比如下乡劳动、社会实践，不知出于什么心态，系里必定将两人分开两处，突增两人分离相思之苦。后来，分而后见的惊喜更增加了爱情的温度。两人反而故意制造些小矛盾，比如一些无关宏旨的不同观点，由争吵到故意避而不见，直到一方道歉，才见面享受小别胜新爱的幸福。唉，现在还有许多人自以为可以卡断青年的初恋，却不知这只能使青春之火烧得更加猛烈。应当善于引导，这是门重要的教育学。

五年的学业和幸福与苦闷交织的大学生活过去了，"文革"却还没结束。他俩的爱情受到第一次真正的考验。王生被分配回到家乡的县城，隆娘却以照顾复出工作的老父亲为由，留在京城，而且母亲为她找了一位"殿下"，英俊少年。隆娘却出乎所有人的预料，宁愿接受母亲"断绝母女关系"的威胁也决不动摇与王生的爱情，一定要和他一起到偏僻的山区，创造属于他们自己的生活，而不享受特权的交易留在北京。

她胜利了，和王生一起出发，送行的是同学和我这个不称职的老师。我在车站见到一位憨厚的中年人，他微笑着拥抱隆娘，深情地亲吻她的额头。后来我知道那是隆娘的哥哥，因为此后他找到我，述说了他妹妹的故事。他真是位好人。

据他说：王生在县教育局工作，隆娘在中学教书。他们只有微薄的收入，还要赡养王生的寡母。一个总在王生面前撒娇的"公主"，却一改前颜，不但抛弃了所有化妆品，素面朝天，而且系起围裙，操持家务，殷勤地侍奉婆婆。老太太是在微笑中去世的，临终还紧握着隆娘的手说："老天爷心疼我，给了我个好儿子、好媳妇，隆隆啊，娘谢你呀！"

　　老人满意地走了，上天又为他们送来爱的结晶：隆娘怀孕了，她特别想吃酸的食物。"酸儿辣女"，王生就到城外的山上采杨梅。"他真傻，"隆娘的哥哥对我说，"他不知道野杨梅喜欢长在山坡边，密密麻麻的，挡住视线，斜坡下常是悬崖。他就那么死心眼儿，偏偏在悬崖边上采杨梅，一脚没踏稳……幸亏被棵树挡住，但还是伤了腰和腿，被救下来，可，瘫了……隆娘跟我说：'哥呀，要是我不怀孕，他不采杨梅，就不会……'我说：'你别犯傻，要精心保住孩子，哥帮你……'"

　　我在这个憨厚的男人眼里看到了晶莹的泪花。我明白了王生和隆娘的生活是多么地艰难。我想接济他们。她哥说，不，隆娘说她在您这儿保存了个钱包包，她只要那个……我想起来，在他们离开北京时，隆娘递给我一个书包，说，此去情况不明，有些宝贵的东西请老师帮忙保管。我一直把那书包放在箱底，从未看过。赶紧翻出来，打开书包，见是五本日记簿和一个大约是闽粤一带手绣的钱包，非常漂亮。这大约就是他们初次相约吃饭时的纪念物，里面一定还有当年结账剩余的零钱。我立刻懂了隆娘的心境，这比一切钱财都贵重，她依旧保持着一种高贵的诗人的品格，爱情超越了贫困……

　　隆娘的哥哥（哦，我私下称他陈先生）说："医生说妹夫站不起来了，可隆娘不信，天天为他按摩。听说山南有位医生针灸效果好，就凑钱买了辆板车，每周两天拉着妹夫爬三十里山路去针灸……她挺着个大肚子啊……"陈先生哭了，眼泪毫不掩饰地滚下来，打湿了衣领。"我派我的女儿去帮她，但她坚持自己拉车，说这是她的责任……直到她要临产，才……我妹夫哭着对隆娘说：'来生再也不爱你，你爱得太苦太苦……'"

　　后来，隆娘的妈妈终于来看女儿，老太太哭着骂隆娘："爱，比命还大呀？！你还要把我外孙子没出世就整死啊？！”老太太在县城一直住到外孙出生，才抱着婴儿回到北京。临走把钱跟眼泪一块儿留给女儿，又扔下一句话给王生："你那老不死的岳父说了：你小子有本事把我们家闺女拉走，整得她自愿受苦，就该有本事站起来结结实实地走，给你们俩创造幸福！"

后来，陈先生打电话给我，说：隆娘照旧拉着王生去针灸。奇迹发生了，他的腿有了知觉，渐渐会动了，慢慢会走了。一年后，他康复了。他们照了一张相片，寄给我。两人并肩携手站在一起。王生似乎变化不大，而美丽的隆娘却显老相，鬓角似乎隐藏着白发。那时，她应当不超过三十六岁。照片上的他们笑着，灿烂的笑容如阳光照得我流泪。

再后来，王生在家翻译科学论文，投稿给各种刊物，又应邀到学校讲演，名声渐起。再后来，他的一篇有关法国文学与中国现代文学之关系的论文获得法国有关部门的奖项，被邀请到法国讲学。他有些犹豫，放心不下他的隆娘。隆娘却说："去吧，走出国门，显示你的才华。让世界知道中国，让中国更了解世界。这不是我们的理想吗？别担心我，我永远是你的隆娘。"她陪他到北京办理出国手续，妈妈问她："傻丫头，不和他一起去？法国可是浪漫之地呀！不怕他……"她说："不怕！他是我的男人！"

隆娘送走了丈夫，又回到小县城教书，等着他凯旋。这一等就是三年。

三年后，他回来了，教育部把夫妇俩调回北京。他急忙通知隆娘，不日将回家接她，但不说何日何时哪次列车回归，好给她一个惊喜。

那个春天，中午，很好的阳光，列车停在县城车站，只停车两分钟。王生跳下车，走了几步，忽然站住，他看见隆娘领着儿子站在阳光下平静地望着他，好像望着早晨散步归家的亲人，不像是望穿秋水极盼丈夫归来的样子。王生满眼是泪急急跑过去，抱起儿子，搂住妻子，轻声说："你怎么知道是这次车？"隆娘依旧轻声说："我天天来，反正只有这几次车……"说着，微笑的脸上沾满泪珠……丈夫还是那句话："来生不敢再爱你，你爱得太苦。"然后流泪当众吻着已经发福的隆娘……

我的故事讲完了。一位艺术家告诉我，有过坎坷和悲伤的爱情最动人，走过崎岖道路的爱，更真切。你说呢？

哦，如果你想见他俩。我去替你问问。他俩觉得他们的故事很普通！

真诚地祝你获得幸福！

愚师<br>2012 年 10 月 12 日

余平夫　改写

【附录】

# 唱给妻子的歌

作词：苏叔阳
作曲：王立平

1=F 4/4

（0 1 7 6　i　7 3 | 4 5 2 - - | 0 7 6 5 6 7 6 | i 7 3 - -

0 6 5 3 4 5 6 | 0 4 3 2 7 3 5 | 1 3 1 7 3 7 | 6 5 · 2 5 · ）

5 1 · 5 3 · | 5 6 6 3 5 - | 0 5 6 i 7 6 6 3 | 5 2 · 2 - | 6 2 · 3 2

假如　你是　深情的风，　我就是乘风的　白帆。　　任凭那
假如　我是　漂泊的船，　你就是温存的　港湾。　　无论在
假如　我是　无边的海，　你就是绵长的　海岸。　　不管捧起

7 1 2 7 6 5 · | 0 1 2 3 5 6 i | 7 · 6 7 - | 0 6 1 6 5 2 6

惊　涛　骇浪，　你总和我一起　向　前　　　一起向
天　涯　海角，　我总听见你的　呼　唤　　　你的呼
那　朵　浪花，　都有我苦涩的　思　念　　　苦　涩的思

5 - - - | 0 6 1 6 5 2 3 | 1 - - 3 5 | 6 - - i | 7 · i 7 6 5 3

前　　　一　起向　　前。　　啊，　　　亲　爱的人，
唤　　　你　的呼　　唤。
念　　　苦涩的思　　念。

3 5 6 i 7 6 6 5 | 6 - - 3 5 | 6 - - i | 7 · i 7 6 5 3

无论航程云雾弥　漫。　　啊，　　　亲　爱的人，

3 5 6 i 7 6 i | 2 - - - | 0 i 7 6 i - | 0 7 6 3 5 · 6 5 | 0 7 6 5 7 -

无论人生风云变　幻。　　我都看到　　和煦的阳　光，　那是你

0 6 6 5 6 · 7 3 | 0 5 6 i 3 5 6 3 | 2 · 3 2 2 3 2 3 | 5 - 6 7 2

明媚的双　眼　　那是你明媚的　双　眼　明媚的　双

┌—1.2—┐　┌—3—┐

1 　·‖ 1　1 3 2 3 | 5 　　6 7 2 | i 　　　　　i |

# 布底鞋

月光从淡蓝色的纱窗里照进来，小屋子便如一个缥缈的梦。梦中，这声音便有一种邈远而又古旷的味道，似乎它并不出自母亲的双手，而是来自遥遥上古、茫茫天外。

儿子和妻已睡熟了。我翻完了一本杂志的最后一页，拉了灯，准备休息，却听见母亲还在外屋刺儿刺儿地纳鞋底，仿佛被什么击了一下似的，我呆坐在凳上……

这声音太熟悉了，熟悉得有点陌生。

当我还在母腹中时，我就听到了这种声音。那时，母亲给我纳着第一双鞋底。之后，便有了第二双、第三双……

鞋底一年比一年宽肥，声音一双比一双浊重，母亲手上磨起的老茧也一年比一年粗厚。母亲就那样不停地纳着，纳了一双又一双，纳进她的期冀，纳进她的慈爱。我也就在这亲切的声音里拔节。多少次，当我惊醒时，那摇篮曲似的刺儿刺儿的声音仍在响着，母亲还在穿针引线，或借一盏荧荧油灯，或借一月脉脉清辉。

以后，我上学了，每晚，母亲在操劳完家务后，就坐在或读书或写字的我的身边纳起来。不时看看我，将满心的希冀纳成慈祥而又温暖的歌，纳成一条清凉而又温柔的溪流，承载着我，鼓励着我，给我意志，给我力量，洗去不时向我袭来的倦意，抚平不时向我挑衅的浮躁。

那时，我才懂得，真正的监督和鼓励是无声的。

有一年，母亲上山打柴时，摔了一跤，右手被镰刀割伤了。看着连筷子都拿不成的母亲，我的心里很难过。不单单是因为疼母亲，还意味着我将要光着脚板上学了。当时，我脚上的鞋已经藏不住大拇指了，母亲正在给我赶做一双新的布底鞋。

庄户人的活计是一天也不能停的。放学后，我必须接替母亲上山打柴，而脚上的鞋是再也不敢穿了。因为它已经经不起上一次山了。明天，我还要穿着它去上学。小的时候，穷得做不起鞋，光着脚板上学没什么，而眼下我已经上四年级了，四年级还光着脚板，同学们会笑的。

于是，我只好光着脚板上山打柴，恶毒的刺就故意和我作对似的一根接一根扎进我的脚板。我疼得哇哇直叫，回到家里，母亲流着泪给我用针挑刺。

第二天，我醒来时，眼前放着一双新鞋。可以穿新鞋上学了！我高兴得不知说什么好，拿起来就要试穿，却怔住了，那白色的鞋底上沾满了鲜血，触目惊心。

泪就来了。

那一天上课，我第一次改掉了做小动作的坏毛病，听得格外认真。

我是穿着母亲做的布鞋走完人生第一程的。

那年，我怀着万分喜悦的心情，穿着母亲新做的布底鞋踏进师范的大门，但是，没过多久，我就和布底鞋告别了。

当我怀着复杂的心情，脱下那双母亲熬了几个通宵赶出来，料最好、工最细的毛边布底鞋，换上一双新买的运动鞋时，我的脑海里冒出一个词：叛变。

夜，很深了。月光从窗外照进来，小屋子便如一个缥缈的梦。如同当年在月下入迷地倾听母亲娓娓讲述远古的传说似的，我静听着这亲切的刺儿刺儿的声音，带着母亲的乳香，溪流般在深夜里流淌。流

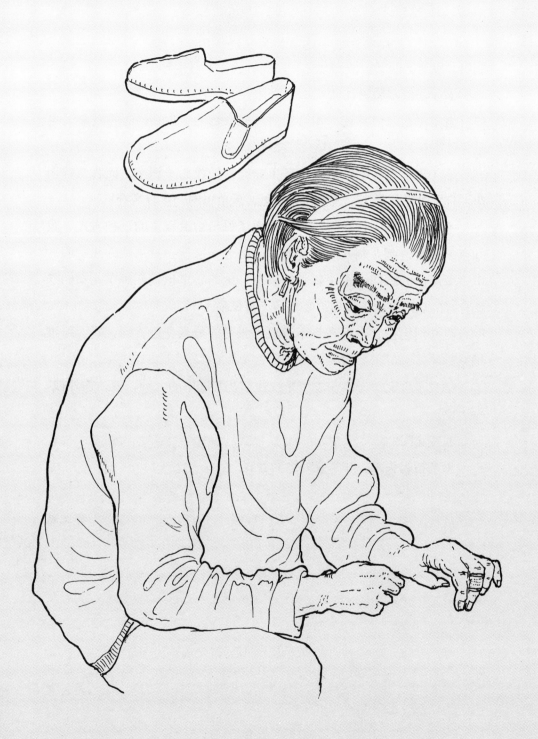

淌出一段甜蜜而又苦涩的记忆，冲刷着我被岁月尘封了的心。

人往往最容易忽视别人。

当年母亲点灯熬夜，用心用血纳鞋底是为了生存，想不到今天也是为了生存。

下了班，匆匆吃饭后，妻子争分夺秒地教儿子识字，而我纯粹用小说打发时光，母亲一人坐在外屋里，孤单单的，多寂寞呀！

不纳鞋底再干什么呢？纳鞋底成了母亲排遣寂寞的一种方式。我知道，只要这刺儿刺儿的声音响起，她老人家就会看见她的儿女们一串歪歪斜斜的脚印、歪歪斜斜的故事，她的心里也就充满了儿女们跌跌打打的欢声笑语，就不再寂寞，不再孤独。

我开门出去，走近在灯下弯成一张弓的母亲身边，问，妈，给谁纳呢？

纳成了再说。母亲一边用牙咬住穿在鞋底中的大针，使劲往外拽，一边说。

我能穿吗？

母亲抬起头来，非常意外地看着我。

郭文斌

# 感恩，大爱

## ——蕖蕖在被授予博士学位典礼上的讲话

敬爱的师长、校友们：

今天将是我永生难忘的日子。我请求你们让我放肆一次，说说我从来未曾当众说过的话。假如我有失态的地方，请你们宽恕。因为那是爱，是对人间大爱的感恩而产生的手足无措，或者泣不成声。当然，我不想给大家添麻烦，但请你们赐给我这次机会。（热烈的掌声、叫好声）谢谢！

我的爸爸是失听患者，就是人们说的"聋子"；妈妈是失声患者，就是人们说的"哑巴"。其实，他们都既说不出又听不见，但他们不缺志气和爱情。他们在聋哑学校同窗十载，结下了深厚的情意，成为伉俪，是一对恩爱的夫妻，是世上最疼爱我的父亲母亲。（有惊叹和唏嘘之声）

爸妈二十一岁时生下我。他们生怕我继承他们的生理缺陷，不断地弄出些他们听不到，却可惊动邻居的响声，来测试我。当他们看出我的眼睛总是朝向那些响声的发源地的时候，他们的眼里有含泪的喜悦。我从小就看见这两双眼睛。如今，这两双眼睛是照亮我心灵的月光，无论怎样的困难，这两双眼睛都照耀着我前进的道路。（掌声）

他们生活在无声的世界里，听不见，也说不出。在这般境况中来抚养我，其艰辛程度，大家都想得出。

我十个月大就断奶了。爸妈要外出做小本生意，为防止我独自在家从床上掉下来，就用绷带把我松松地拴在床帮上。有次绷带留得长了些，我爬着爬着，就被吊在床边，上不着天，下不着地，吓得我"哇哇"大哭起来。

父母回家时，都是先从窗外向里张望。那天，他们一看我不在床上，便以为我被坏人抱走了。于是他俩"哇哇"哭叫着冲出院门，一路疯跑挨家挨户地打听。一个多小时后，爸妈没有找到我，就跑回家取钱，准备搭车外出寻找。这时，他们才发现吊在床边的我。

转悲为喜的父母，轮流抱着被憋得脸色发紫的我。爸爸很自责，用一只手使劲揪自己的耳朵，另一只手做了个割耳朵的动作。妈妈则弯着手指揪自己的喉管——他们是在恨自己有耳朵听不见，有喉咙不能说啊！（礼堂里传来唏嘘声）

一转眼，我背起书包上学了，可一进校门我就受到了一些同学的歧视。他们不叫我的名字，而是叫我"哑巴崽"。我委屈地跑回家，揪住妈妈又哭又闹。妈妈也抱着我哭。爸爸在小院里急得转圈，而后用笔写下："女儿别怕，爸爸保证明天起就没人敢欺负你！"第二天，爸爸来到校长办公室。他一进门就给校长恭恭敬敬鞠了一躬，递上一张纸，上面写着："校长大哥，您必须答应我，谁也不准再欺负我的蕤蕤。我和我爱人，是聋哑人。但我们也是合格的父母，我们的女儿是多么聪明又脆弱。保护她是我和她妈妈，还有学校的天职啊！我恳求您了！"

校长的眼圈红了。他当即召开校务扩大会议，要求全校师生爱护和扶助像我这样家庭出身的学生。（热烈鼓掌、叫好声）

我读完高中参加高考，以六百四十分的好成绩进入我们学校，有幸成为你们当中的一员。我把录取通知书悄悄藏起来，骗爸爸妈妈说没考上。谁知，我的话一出口，就被爸爸妈妈揭穿了："你的高考成绩我们早从大红榜上抄下来了。"

为了筹集我上大学的费用和应付供我上高中时欠下的三万元债务，

爸爸妈妈把我们赖以栖身的两间小房卖掉，再加上圈里的两头正长膘的大肥猪和笼子里的三十多只鸡，才还清了债务，凑够了学费。爸爸妈妈用尽几十年的劳动成果把我送进大学，自己却变成真正的无产者。他们对我的恩情天高地厚。（掌声）我来学校报到的那天，爸妈特地为我做了一桌子可口的饭菜，他们则坐在一旁高兴地看着我吃。我看着已经显得苍老的爸妈，想到他们今后将不知栖身何处，终于忍不住扑在妈妈怀里大哭起来。爸妈却严肃地叫我不要哭，轮流对我说："女儿记住。我们人穷志不穷，身残心不残。我们为你高兴，你要成器！要成为对国家有用的人才！"（掌声）

大学一年级的寒假，我从学校回家得知爸妈搬到了家乡市郊一座被菜农遗弃的临时房里。为给我积攒学费，爸爸妈妈在清洁队干起了运送大粪的活儿。他们怕我知道而耽误学习，就舍近求远搬到这里。晚上，妈妈在灯下不错眼珠地瞅着我，不好意思地比划着："爸妈没本事，你不会嫌我们赚来的钞票脏吧？"

我抑制不住地哭了，对爸妈打着手语："爸妈，在女儿心里、眼里，你们是世界上最纯净的人。女儿永远爱你们。永远报答你们的深恩！"（热烈的掌声）

我就是用爸妈拉大粪赚来的钱、加上自己勤工俭学，读完了大学，考上了研究生，又顺利地考上了博士生。爸妈高兴坏了，手牵手跑到附近的街道上，见谁给谁报喜。别人不懂他们的意思，他们就到商店买了几张大红纸，裁成小纸条，写上"我女儿考上博士生了"，然后沿着街道边走边撒。（掌声）

2004年，在我再一次进京深造前夕，家乡社区的领导特地为我开了一个气氛热烈的欢送会，并让我和爸妈坐在敞篷轿车上，沿市中心大街游览了一圈。（掌声笑声）

今天，我成了博士，我感谢教导我的导师和学友，我感谢我的爸爸妈妈。假如有上帝，上帝以生理的缺陷考验他们，他们却用高贵的人格和最深广的爱，向上帝，向社会证明了他们是自尊、自立，具有大爱的中华民族最合格的公民！我以是他们的女儿而自豪！爸爸妈妈请你们站起来，走到台上来，把你们无私的大爱，分送给我所有的师友，让我们在充满爱的和谐世界里拥抱！（她泪如雨下。全场长时间鼓掌，听众们纷纷热泪涔涔。）

（在雷鸣般的掌声中，蕤蕤博士的父母眼含热泪走上舞台，向师生们行礼。）

原作　梁希厚

舒扬　改写

# 盲道上的爱

上班的时候，我看见我的同事夏老师正搬走学校门口一辆辆停放在人行道上的自行车。我走过去，和她一道搬。我说：车子放得这么乱，的确有碍观瞻。她冲我笑了笑，说：那是次要的，主要是侵占了盲道。我不好意思地红了脸，说：您瞧我，多无知。

夏老师说：其实，我也是从无知过来的。两年前，我女儿视力急剧下降，到医院一检查，医生说视网膜出了问题，告诉我说要有充足的心理准备。我没听懂，问有啥充足的心理准备？医生说，当然是失明了。我听了差点死过去。我央求医生说，我女儿才二十多岁呀，没了眼睛怎么行？医生啊，求求你，把我的眼睛抠出来给我女儿吧！

那一段时间，我真的是做好了把双眼捐给女儿的充足心理准备。为了让自己适应失明以后的生活，我开始闭着眼睛拖地抹桌、洗衣做饭。每当辅导完了晚自习，我就闭上眼睛沿着盲道往家走。那盲道，也就两砖宽，砖上有八道杠。一开始，我走得磕磕绊绊的，脚说什么也踩不准那两块砖。在回家的路上，石头绊倒过我，车子碰破过我，我多想睁开眼睛瞅瞅呀，可一想到有一天我将生活在彻底的黑暗里，我就硬是不叫自己睁眼。到后来，我在盲道上走熟了，脚竟认得了那八道杠！我真高兴，自己终于可以做个百分之百的盲人了！也就在这个时候，我女儿的眼病居然奇迹般地好了！

有天晚上，我们一家人在街上散步，我让女儿解下她的围巾蒙住我的眼睛，我要给她和她爸表演一回走盲道。结果，我一直顺利地走到了家门前。解开围巾，我看见走在后面的女儿和她爸都哭成了泪人儿……你说，在这一条条盲道上，该发生过多少叫人流泪动心的故事啊。要是这条人间最苦的道连起码的畅通都不能保证，那不是咱明眼人的耻辱吗！

带着夏老师讲述的故事，我开始深情地关注那条"人间最苦的道"。国内的、国外的、江南的、塞北的……我向每一条畅通的盲道问好，我弯腰捡起盲道上碍眼的石子。有时候，我一个人走路，我就跟自己说：喂，闭上眼睛，你也试着走一回盲道吧。尽管我的脚不认得那八道杠，但是，那硌脚的感觉是那样真切地瞬间从足底传到了心间。我明白，有一种挂怀深深地楔入了我的生命。痛与爱纠结着，压迫我的心房。

让那条窄路宽心地延伸——我替他们谢谢你。


张丽钧

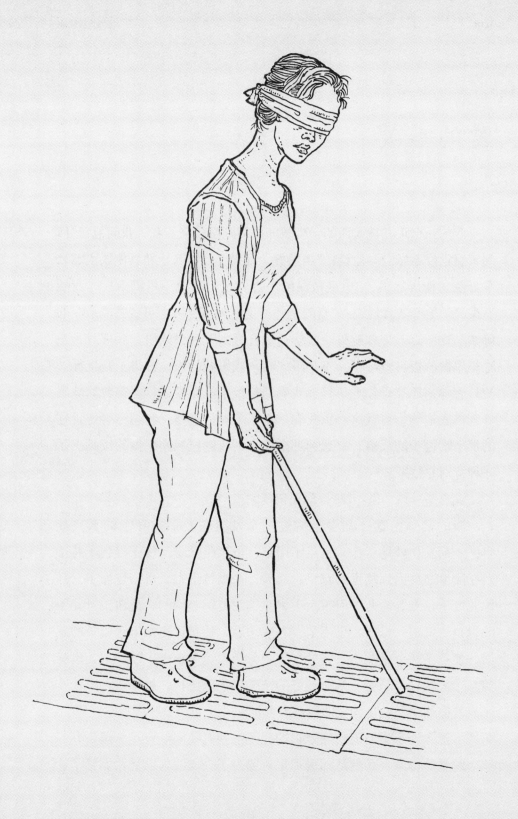

# 爱的盛宴

　　我的一个正在读大四的学生放寒假后到学校来看我。我问他："回到家感觉好不好？"他说："当然好，好极了！"我让他具体谈谈怎么个好法。他居然说："感受最深的一点就是，吃饭不用刷卡！"我哑然失笑。他却认真地说："真的老师，说起来有点俗，可我感受最深的确实是这一点。您知道吗，我毕业后打算到欧洲去读研，到那时，想吃妈妈做的饭可就难了。不是跟您吹，我妈做的饭，称得上是世界一流！管够，还唯恐你吃不好！我妈劝起饭来没完没了，弄得我的减肥计划彻底泡汤，可我这心里头啊，却乐着呢！老师，我总记得您讲过的那个吃饺子的故事，一想起那个故事，我就把我妈妈做的饭品出了一种特别的滋味。"

　　我心头一热，说："难得你还记得它。"

　　我的确曾给这一届学生讲过一个发生在我朋友身上的真实故事——朋友在外地工作，常年不回家，母亲盼呀盼，终于得到了儿子要在除夕之夜回到故里的喜讯。那天，在爆竹声中，母亲包好了三鲜馅儿饺子，专等着儿子回来后下锅。馅儿是精心调的，应该正对儿子的胃口；但是，母亲心里还是有一些忐忑，她想预先知道这饺子的咸淡，便煮了两个来品尝。一尝之下，母亲大惊失色——饺子馅儿里竟然忘了放盐！母亲看着两屉包好的饺子，绝望已极。她知道可以让儿子蘸着酱油吃，她也知道即便蘸着酱油吃儿子也会欢呼"好吃死了"，可她不愿意让千里迢迢赶回家来的儿子吃到有缺陷的饺子。怎么办？这个聪慧的母亲，居然从邻居那里讨要来了一支注射针管，调好了盐

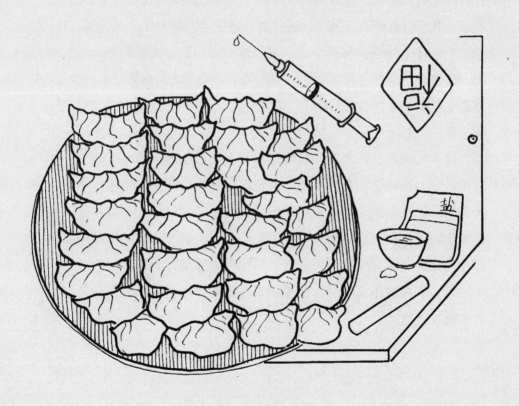

水，开始逐个给饺子"打针"。

儿子回到家时，饺子也注射完毕。母亲煮好了饺子，让儿子尝尝味道如何。儿子尝了，连说"好吃"。这时候，母亲得意地举起那支针管给儿子看，向儿子夸耀说她可以将一个缺陷修复得让他察觉不出来。可是，儿子听着听着就哭了。他在想，这些年，他一个人在外面打拼，也曾吃过很多饺子，那些饺子，咸的咸，淡的淡，他都咽下去了，有谁，能像母亲这样在意儿子的口味？为了让儿子吃到咸淡适宜的饺子，母亲竟想出了这样高妙的法子。吃着这样交织着母亲的爱与智的饺子，哪个孩子能不动容？

我多么欣慰，几年前，我将这样一个暖心的故事植入了孩子们的心田，我本不指望收获什么的，甚至以为那听故事的人很快就会将它淡忘了；但是，这个同学居然能把这则故事铭记这么久！我相信，铭记着这则故事的人会珍惜母亲做的每一餐饭，会在寡淡的饭菜中品出一种难得的真味与厚味。母亲摆出一场爱的盛宴，只等着她心爱的小鸟来啄。幸福的小鸟啊，你无须刷卡，只管用欢畅的啄食来尽情享用这人间珍馐吧。

张丽钧

# 吃蟹季节

一夜大风，一雨成秋。气温骤降了十几度，严格意义上的秋天，真的到来了。晚上，雨滴敲打着窗户，随着风的呼吸一同颤动。躺在床上看书，客厅里，央视新闻传入耳中。原来，阳澄湖大闸蟹上市的早迟，直接关系到阳澄湖蟹的真假。而行业间为利益所驱动的相互攻击，已呈白热化。这使得消费者云里雾里，如何辨别真伪，不得而知。

想儿时，每年到了秋季，尤其是西北风一刮，就是吃螃蟹的好时候了。

那时家里经济宽裕，螃蟹也不算贵。一到螃蟹上市的季节，父亲会经常买。

每次吃蟹，父母都会精心准备。先把螃蟹洗刷干净，再捆扎蟹钳蟹爪，背朝下，上锅蒸煮。这样做，一来螃蟹无法爬动，使其肉质鲜嫩；二来蟹油只会流淌在蟹背里。

螃蟹性寒，需辅以姜、醋暖胃。母亲会把生姜切成碎米粒，再放一点白糖，用上好的镇江香醋浸泡着，吃蟹时给我们每人舀一小餐碟。

只要有螃蟹，我们兄妹都会尽快先把饭吃完。父母规定，螃蟹是要最后吃的。这是因为螃蟹味道极其鲜美，若吃完螃蟹再吃饭菜，肯定是食而无味。不似现在有些饭局，先上螃蟹，之后再好的菜肴，也品不出鲜美之味了。

记得每次吃完螃蟹，母亲都会用一只白色瓷盆盛半盆温热水，再放些绿色的芫荽或黄色的菊花瓣，让我们洗手，这是最能去除腥味的办法。

谁要是想偷懒敷衍了事，母亲就会说，认真洗，当心半夜里隔壁的小花猫，会舔手指头的。

父亲有时会换着花样给我们做螃蟹。先把螃蟹蒸熟，掏出蟹肉，放入鸡肉丝、山药、豆腐、香菇和笋丝，再撒上白胡椒粉，做一锅香味扑鼻的蟹糊。

不过，这种吃法，虽免去了自己动手吃蟹的麻烦，但我觉得少了一份情趣，因为家里有专门吃蟹用的钳子、夹子、剪刀、小锤、小勺，每次吃蟹都想摆弄这些小工具。

听母亲说，过去大户人家嫁闺女，吃蟹的工具会作为嫁妆呢。

除了蟹糊，父亲还会把蟹黄剔分出来，放几片生姜，打上葱结，与猪油一起慢慢熬制。放学回家，老远就能闻到一股特有的香气，我知道，这是父亲又在炼制蟹黄油了。稍凉后，父亲便一勺一勺地舀进一个青花瓷罐里，在盖子上再扎上一层油纸，待到冬天时，给我们做蟹黄面。这罐里装起的是蟹黄油，更是父亲浓浓的亲情。

如今，父母都已过世，生活的快节奏，也使我们失去了许多仔细品味生活的温馨感受。

每到吃蟹的季节，我都更加想念父母……

想着，想着，进入了梦乡。

我梦见，第二天清早起来，父亲给我做了一碗热气腾腾的面条，放了许多金色的蟹黄油……

秦佳凤

# 茶　香

想儿时，父亲的紫砂茶壶里，是永远的绿茶，多数是瓜片或毛峰。冬季里，偶尔会煮一壶加上鲜奶和方糖的祁红。

如今，父亲已离我远去，再不能跳完橡皮筋满头大汗跑回家，抱起父亲的茶壶就喝！

每当那样的时刻，父亲总是微笑地看着我。

慢慢大了才知道，哥哥姐姐，都不太敢碰父亲的茶壶，唯独我可以随时抱饮，可见父亲对我的宠爱。应该说，对茶的美好记忆，始终伴有父爱的甘甜。

正像《茶可道》里说的，茶园年年碧绿，但今年的绿，却不是去年的茶。茶热茶凉，由浓转淡，人生短暂，说来也就是一盏茶的工夫。

爱茶人之所爱，基本就是两大类，一是绿茶，一是乌龙茶。

乌龙茶，不惯饮的人总嫌它太苦，甚至说它有中药味。爱饮的人则喜其香气馥郁，回甘醇厚持久，往往喝至上瘾。

以往，我多喝绿茶，爱上乌龙茶，源于十二年前的台湾之行。

印象中，一踏上宝岛，就被笼罩在淡淡的茶香中。在机场等候验关，身边乌龙茶特有的香气飘来，旅客可以随时取用。我端一杯在手中，先闻后饮，一杯又续了一杯。

那次，是随黄梅戏《徽州女人》剧组赴台的。接待方问我，有没有特殊需要安排的去处？我告诉他们，想去诚品书店，如果方便，请安排去一次有特色的喝茶的地方。

就是那次，喝到了台湾名优茶——竹山金萱。

品后才知，台湾的高山茶里，文山包种、冻顶乌龙、木栅铁观音都很著名，但金萱的香气、滋味还是与众不同。因为发酵程度更轻，清香中有淡淡的奶香气，让人一见倾心，回味难忘。

后来，在时任台北文化局长的龙应台办公室，在《中国时报》社长办公室，喝的虽是上好的高山茶，但显然不是金萱。

现在，爱绿茶，也爱乌龙茶。品茶读书之际，只要有茶香相伴，总是满心温馨。

与亲朋相聚，一杯茶在手，清香袅袅，多少话可以慢慢道来，多少情可以缓缓表白。此间的品茶之意已不在茶，在乎浓浓密密的情感交融。

《茶可道》有个可能是最暖人的说法：在泡茶时腾起的雾气里，只要心诚，你就能够看见最想念的人的影像。

在我看来，这也许是最伤感的说法。

若真能如此，我想在泡茶时看见父亲，看见父亲的那把紫砂壶……

秦佳凤

# 有滋有味

近日，再读《忆往说趣》，捧起便放不下。这是王世襄先生的散文随笔，细读每一篇，都是全新的感觉，与读其他书不很一样。

王世襄先生是文博大家，不但在书画、雕塑等传统艺术领域有丰富的著述，还深入发掘那些不被注意的物质文化。先生不但与前辈文化人渊源甚深，对于工艺精湛的匠师故友也满怀钦佩，撰有大量忆往散文，读来亲切、生动、有趣。书中《忆往》、《游艺》异常精彩，但最喜欢的还是《饮食》。"许地山饼与常三小馆"、"饭馆对联"、"鳜鱼宴"、"饽饽铺萨其马"、"答汪曾祺先生"等，每篇都精妙之极。

描述北京老饽饽铺里精美的传统糕点，真让人大开眼界。但中式糕点到了60年代每况愈下，开始是干而不酥，到后来退化到硬不可当。桃酥掉进沥青地面，用棍子没撬动，得用另一种糕点江米条去撬，可见这糕点有多硬。读这样的文字，往往会情不自禁笑出声来。

说到萨其马，我故乡南京的萨其马也是非常有名的，童年时很是爱吃。后来每次回南京，只要走到新街口或鼓楼，都会在前店后坊的大三元酒家、马祥兴鼓楼食品商店买上一块，边走边吃，那糯软香甜的口感，跟先生笔下京城的萨其马不相上下。

读完《饮食》篇，立刻感觉老先生不愧为真正的美食家，不仅懂得如何品尝，自己亦做得一手好菜。糟煨冬笋、油浸鲜蘑、锅塌豆腐、酿柿子椒，这每一道菜的具体做法，老先生都描述得细腻、到位。光看着文字，就能觉出这些菜的色、香、味。

上世纪50年代先生出差到皖南屯溪，下车到街口便看到金黄色皮壳的冬笋，又碰到老乡肩上搭着体有余温的山鸡，于是一齐买下，和一家小饭摊的老板商量好，让他亲手烹炒了一个冬笋山鸡片。这让我想起，若干年前的类似经历。

那是陪同文化部春节晚会创作组去皖南采风。为了品尝当地的特色菜，大家都愿意在外面的小饭馆就餐。想到父亲曾做过一道徽菜风味的砂锅，便请饭馆厨师备料，先油煎鳜鱼，兑汤配以冬笋、香菇、石耳、火腿，炖了满满一大锅，端上桌，都说鲜美无比。大铁锅、山木柴煮出的米饭，本来就喷香，米饭锅巴烤得焦黄，再用这鲜美的汤汁蘸泡，现在想起还回味无穷。其实，做这样汤汤水水的菜肴，只要辅以山珍，味道肯定不一般。

想父亲在世时，也有许多与老先生相似之处。不仅喜欢品尝美味佳肴，自己也爱下厨动手做。每到一处，总爱找当地的特色菜肴。为买到一种想吃的时令菜，父亲往往会拎着菜篮子，在菜市场慢慢寻觅。

以前的住房不似现在独门独户，每次父亲做响油鳝糊、腌笃鲜、红烧狮子头等拿手菜，香味四溢，会惹得邻居们直喊香。

先生在书里提到的炒鱼片、炒山鸡片，都见父亲做过。至今，炖鸡汤时，我还会把鸡脯肉碴下来，改薄片，用刀背轻砸，加少许蛋清、淀粉揉拌，待鸡汤炖好以小锅汆出，余下鸡脯肉。这样，入口非常嫩滑，不像炖出来的鸡脯肉，木柴柴的嚼着塞牙，鸡汤喝完，鸡肉反倒剩下了。

作家汪曾祺曾说，学人中有不少是会自己做菜的，但真正精于烹调的当推王世襄先生。有时朋友请他上家里做几个菜，主料、配料、酱油、黄酒都是从家里带去。有一次，几个朋友在一家会餐，规定每人备料去表演一个菜。王世襄先生提去一捆葱，做了一个菜：焖葱。结果把所有的菜都压了下去。

先生和他那个时代的大家们，爱逛菜市场，爱看生鸡活鸭、鲜鱼水菜，爱看碧绿的黄瓜和通红的辣椒，爱菜市场的热热闹闹，挨挨挤挤，感受着一种生之乐趣。

可是，当今社会的大多数人，置身于快节奏的浮躁和喧嚣中，为生计而疲于奔命。也许为了缓解压力，连饮食也是重油重味麻辣的居多。为节省时间常以洋快餐充饥，味蕾已经麻木甚至被损坏，哪还有时间和心情慢慢品味、细细咀嚼生活带来的无穷乐趣？

如今，大师笔下的闲情逸致，还会在多少人的生活里再现呢？

想想，一个对吃喝如此考究的人，一定是非常热爱生活的，且无论身处任何逆境，都会活得有滋有味。

秦佳凤

# 曾经拥有的

楼梯防盗门外有辆自行车，每天进出都会多看它一眼。逢到刮风下雨，总想把它搬进楼道里，因为，这辆车曾经是我的。

这是一辆产自江苏常州的西格玛牌黄色女式车。90 年代初，无论是款式或色彩，都算新潮。还有，它的车轮毂是铝合金的，所以整个车身都很轻巧。

掐指算来，买它已有二十多年了。从女儿上幼儿园到小学，都是骑着这辆车接送她。上中学后，这辆车成了她的交通工具。女儿慢慢长大，再和她一起外出，不再是我带着她，而是她骑车，让我坐在后面，还不时地叮嘱一声：妈妈，小心点儿。

二十多年里，不知修理过多少次手闸线、脚踏，不知更换过多少副内外车胎，却始终不想换辆新的。喜欢这辆车，很大程度上是它伴随我们太久，承载了太多的记忆。

女儿 2007 年赴京求学，这辆车便一直闲置在大院车棚里。年年要缴存车费，可就是舍不得处理。车棚越来越拥挤，管理员多次贴出告示，催促不用的车辆请自行处理，以便腾出空位。先生没和我说一声，就告诉车棚管理员，不要了，麻烦他们帮忙处理掉。我知道后很是不舍，担心它已经被当成废旧垃圾去了废品站。

没想到，几天后这辆车出现在楼下！原来，一位收购废旧物品的邻居收留了它。几年闲置没管它，再见到它是那么亲切。很显然，它被精心保养擦拭过了。我试着问家人，可否把它赎回来？当然，他们都反对。几年弃之不用，现在人家肯定修理过，擦得干干净净，怎么

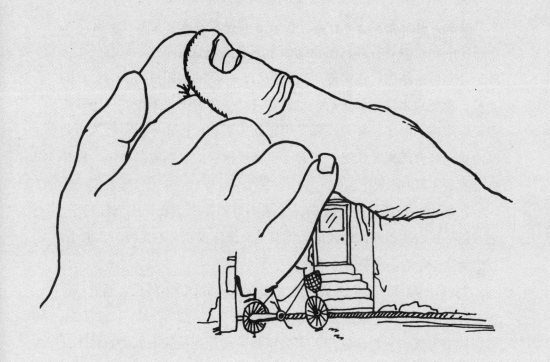

可以再要回来?

是啊,曾经拥有的东西,无论什么原因,一旦失去,就很难再回到身边。

50 年代初期,因为父亲来皖创业,母亲辞掉了教师工作,从南京来到合肥。我是兄妹三人中最小的,父母格外疼爱。记忆中,父亲亲手研磨的咖啡浓香扑鼻,使我到如今不愿在外品尝咖啡。只有一次例外,几年前去法国,在南部小城贝尚松,午后的太阳里流淌着金色的光芒,参观卢米埃尔旧居后,我独自来到坐落着雨果雕像的广场,在露天咖啡座,要了一杯只添加了牛奶的牙买加蓝山咖啡。一股久违的浓浓香气扑鼻而来,顿时,想起了已离我远去的父亲煮的咖啡,那杯咖啡我是和着泪水喝下去的……

印象中,只要是寒暑假期,父亲出差都会带上我,上海红房子、北京新侨饭店的西餐,让我记忆犹新。父亲疼爱我,不光因为我最小,还因为我与年龄不相符的懂事。

"文革"期间,父亲工资的绝大部分都被扣发,不得已,通过一位钟表修理匠,卖掉了他心爱的欧米茄金表。

成交那天,我拦住家门,不哭不闹,却死死拽住来人的衣角不让他出门,我知道,他要拿走的手表是父亲的!

那年,我还不满十岁……

那块被卖掉的欧米茄金表是父亲永远的痛,从那以后直至去世,父亲再也没戴过手表。

儿时,目睹父亲卖表时的那一幕永远挥之不去。

这么多年了,我时常站在车流滚滚的大街上,对着茫茫人海从心底祈盼,祈盼那个买表人能突然出现,哪怕是千万金,我也会赎回那块表!

# 一位母亲在女儿婚宴上的讲话

亲爱的各位亲戚朋友：

大家好！

非常感谢大家在百忙之中，放弃休息的时间，前来参加这个宴会。作为母亲，看着自己心爱的儿女长大，有了自己的小家庭，我感到很幸福。在座的很多亲戚，是看着孩子长大的，所以，在这里我首先要感谢大家这么多年来对孩子的关心和帮助。

虽然今天是大喜的日子，但是作为母亲，我不想说什么"执子之手，与子偕老"，"百年好合，天长地久"之类祝福的话。我想对女儿、女婿叮嘱几句，说三句"不是"。

第一句，婚姻不是 1+1=2，而是 0.5+0.5=1。

结婚后，你们小两口都要去掉自己一半的个性，要有作出妥协和让步的心理准备，这样才能组成一个完美的家庭。现在的青年男女们，起初往往被对方的"锋芒"所吸引，但也会因为对方的"锋芒"而受伤。妈妈是过来人，想对你们说，收敛自己的"锋芒"，容忍对方的"锋芒"，才是两情永久的真正秘诀。

第二句，爱情不是亲密无间，而应是宽容"有间"。

结婚后，每个人都有自己的交往圈子，夫妻双方有时模糊点、保留点，反而更有吸引力，给别人空间，也是给自己自由。请记住，婚姻不是占有，而是结合，所谓结合，就像联盟，首先要尊重对方。

第三句，家不是讲理的地方，更不是算账的地方，家是一个讲爱的地方。

　　不是有这么一句话吗？男人是泥，女人是水。所以男女的结合不过是"和稀泥"。婚姻是两个人搭伙过日子，如果什么事都深究"法理"，那只会弄得双方很疲惫。

　　好了，我就说这些。

　　最后，妈妈还是衷心地祝愿你们婚姻美满、幸福甜蜜。

　　也祝愿在坐的各位亲朋好友家庭和睦、身体健康、万事如意！谢谢大家！

余平夫　改写

【附录】

# 母　亲

作词：高天栖
作曲：高天栖

1=♭E　4/4

1 3 2 1 2 3 - | 5 5 1 6 5 3 5 2 | 2 - 3 2 1 3 2 1 |
母 亲 的 光　辉，　好 比 灿 烂 的　旭　日，　　永 远 地 永 远 地

6 5 5 3 2 - | 1 3 2 1 2 3 - | 5 5 1 6 5 3 5 2 |
照 着 你 的 心。　　母 亲 的 慈　爱，　　好 比 和 煦 的 阳　春，

2 - 3 2 1 3 2 1 | 2 1 1 6 5 - | 4 6 5 4 3 2 1 |
　永 远 地 永 远 地　被 着 你 的 身。　　谁 关 心 你 的 饥

3 - 4 6 5 | 4 3 2 3 1 - | 6 5 3 - 0 |
寒？　谁 督 促　你 的 学 业？　　只 有 你

1 6 5 3 | 3 2 5 1 - | 1 0 5 3 2 1 3 |
伟 大 慈 祥　的 母 亲！　　她 永 不 感 到

2 1 6 - 6 5 3 | 2 1 2 3 5 - | 4 6 5 4 3 2 1 |
疲 倦，　她 始 终 打 起 精　神，　殷 殷 地 期 望 你 上

3 - 5 4 3 1 2 | 3 6 5 3 2·3 | 1 - - 0 |
进，　为 了 你 尝 尽 了 人 世 的 苦　辛。

3 5 2 1 6 - | 6 5 3 5 3 1 2 | 3 - 5 4 3 |
她 太 疲 劳 了，　你 不 见 她 的 额　上，　已 刻 上

2  5  5  3  2 · 3 | 1  −  −  0 | 6  5  3  5  3  1  2 |
一  条  条  的  皱      纹。         世  界  上  惟  有  母  亲

3  −  5  4  3 | 2 · 3  1  − | 1  0  6  1  2 |
者,      是  最  幸  福  的  人。         可  是  你

i  6  5  3 | 6  5  3  2 · 5 | 1  −  −  0 ‖
怎  样  报  答  母  亲  的  深      恩?

# 致女儿

亲爱的女儿：

　　昨晚接到你的电话，妈妈一宿没睡。很多话想对你说，但每次与你通话又不知从何说起，还是静静地坐下来给你写封信，也许能表达得清楚些。

　　自从老师带你们有症状的几个同学去海军总医院看急诊，你和另一个同学被确诊为流感，需在寝室自我隔离，妈妈的心就一直紧揪着。可是，你总是说，有老师和同学们照顾，劝慰我不要过分担心。

　　昨天早晨，你看央视新闻，得过流感的人，体内会产生流感免疫抗体，现在，急需这样的血源。你急忙与北京血液中心联系，只可惜，距离上一次义务献血不足六个月，不符合献血规定。

　　妈妈知道，自考上大学的那年起，你每隔半年就义务献血一次，红色的献血证上已有八次记录了。

　　昨夜，想起今年暑假结束，你返校途中给我发来的短信："妈妈，开车有一会儿了，上铺的小姐姐怀孕了，上下不方便，想换下铺，可那个年轻男子不愿意，还佯装睡着了，怎么会这样？她难过地流泪了，我安慰她，让她睡我的中铺，毕竟少爬一层。"

　　想到这些，妈妈很欣慰。在求学的同时，你在不断成长。因为你懂得回报，懂得帮助别人，懂得爱别人。

　　自打你2007年离开家赴京求学起，不知为何，我就清楚地感觉到，从此，将失去与你朝夕相处的机会了。想想不是吗？这以后，无论你求学、就业、成家，都不可能在家里久住，即便是假期，我都会不经意间把你当成客人。

每次假期回家时，你总嫌妈妈把你的房间收拾得太过整洁，没有一点生气。你知道吗，那是因为每次送走你后，我都要在你的房间里徘徊良久，回想着你在房间里的一举一动，把你读过的书籍、用过的物品归置回原位，也就是从那一刻起，便开始期盼着你再次回来的日子。

前些天夜里我们短信交流，你说有一种失去的恐惧，妈妈感同身受。特别是近来，愈发地强烈，因为，毕业工作后，你回家的次数肯定越来越少……

回想我们近二十年的朝夕相处是多么美好。这些岁月里，我们不仅是母女，也是朋友。我们总是相互理解，给对方信心，我的手机里至今保存着"容忍、平衡、梅兰妮"的短信。我们彼此鼓励，要有感恩的心，要感谢生活带来的所有欢乐与磨难，更要懂得珍惜与回报。

父母一直认为你是一个懂事、体贴、上进的女孩。和你一起去寻求生命的美好境界是多么有意义的人生啊。尽管付出很多，但这些付出比起我所得到的是何其地微不足道……

妈妈不担心你的善良。还记得那年在逍遥津公园吗？妈妈坐在草地上看书，你见一对乞讨的母女从身边走过，那女孩看了一眼你手里的苹果，你立刻跑向妈妈，要把苹果送给她。只可惜，找了一圈也没找到，你流着泪回来，整个下午，你再没说过一句话，那年你才四岁。妈妈不会忘记你高中上暑假英语班，每天回到家里对着凉水壶一阵狂饮，原来，你把买饮料的钱都给了天桥上那些乞讨的老人……

妈妈不担心你的品性与心智。不懂就问和谦虚好学，这一点妈妈最放心。正因为你的求知欲和广泛的阅读爱好，使你比同龄人多了一些知识，而且，随着年龄的增长和阅历的不断丰富，相信你会越来越

成熟。

妈妈不担心你的自理能力。那么小，妈妈出差，你就能以不锈钢电饭锅为镜子，自己盘起发髻，去少年宫上舞蹈课。那双舞蹈鞋，妈妈始终舍不得扔掉，看着密密麻麻缝补的针脚，非常欣慰，那也是妈妈出差时你自己动手缝补的，而且很用心地找了对色的红线。

妈妈不担心你对情感的判断。因为你不是个爱慕虚荣的浅薄女孩。你的善良、品性和对生活的感知与热爱，足以让我放心。我想多说一句，如果将来有一天你恋爱了，请记住，你一定要比对方爱得更深，爱他，更要爱他的家人。

妈妈始终坚信自己的判断，对你的未来不那么担心，我相信你无论做什么工作都一定会尽心尽力，追求完美。

请记着，妈妈永远理解你，相信你，支持你！

女儿，妈妈只想告诉你，无论是继续求学，还是走向社会，父母都会支持你，因为你已先学会了做人。

妈妈

4 月 25 日


秦佳凤

【附录】

# 可爱的家庭

作词：沈秉廉
作曲：[英]H.R.比肖普

1=♭E 4/4

| 1 2 | 3· 4 4 5 | 5 - 3 5 | 4· 3 4 2 |
| 我 的 | 家 庭 真 可 | 爱， 美 丽 | 清 洁 又 安 |

| 3 - 0 1 2 | 3· 4 4 5 | 5 - 3 5 |
| 详。 兄 弟 | 姊 妹 很 和 | 睦， 父 亲 |

| 4· 3 4 2 | 1 - 0 5 5 | i· 7 6 5 |
| 母 亲 都 健 | 康。 虽 然 | 没 有 好 花 |

| 5 - 3 5 | 4· 3 4 2 | 3 - 0 5 5 |
| 园， 月 季 凤 | 仙 常 飘 香。 | 虽 然 |

| i 7 6 5 | 5 - 3 5 | 4· 3 4 2 | 1 - - 0 |
| 没 有 大 厅 | 堂， 冬 天 | 温 暖 夏 天 | 凉。 |

| 5 - - - | 4 - 2 - | 1 - - - | 2 - - - |
| 可 | 爱 的 | 家 | 庭 |

| 3 - 0 5 | i· 7 6 5 | 5 - 3 5 | 4· 3 4 2 |
| 啊， 我 不 | 能 离 开 你， | 一 切 恩 | 惠 比 天 |

| 1 - 0 ‖

# 拒子入门

　　子发是战国时期楚国的一位大将军。一次，他带兵与秦国作战，前线断了粮草，派人向楚王告急。使者顺便去看望了子发的老母。老人问使者："兵士都好吗？"使者回答："还有点豆子，只能一粒一粒分着吃。""你们将军呢？"使者回答道："将军每餐都能吃到肉和米饭，身体很好。"

　　子发得胜归来，母亲紧闭大门不让他进家门，并派人告诉他："你让士兵饿着肚子打仗，自己却有吃有喝，这样做将军，打了胜仗也不是你的功劳。"母亲又说："越王勾践伐吴的时候，有人献给他一罐酒，越王让人把酒倒在江的上游，叫士兵们一起饮下游的水。虽然大家没尝到酒味，却鼓舞了全军的士气，提高了战斗力。现在你却只顾自己不顾士兵，你不是我的儿子，你不要进我的门。"子发听了母亲的批评，向母亲认了错，决心改正，才得进家门。

　　子女成长的好坏，长辈负有极大的责任。若要孩子成大器，必须在孩子心中植下博爱之心。有了博爱之心，才有施爱于他人的可能。

　　　　　　　　　　　　　　　　　　　　　　　赵中国　改写

# 孝感天地

东汉时期，四川广汉有个名叫姜诗的人。他很孝敬母亲，妻子庞氏也勤劳笃厚，对待婆婆尤其恭敬孝顺。

姜母喜欢饮用沱江水，庞氏便天天到江边去担水。沱江离他们家有六七里远，庞氏每天担水要往返十几里路，但她不辞辛苦，风雨无阻，从不间断。

有一天，狂风暴雨肆虐，庞氏仍如往常一样前往沱江担水。但风大路滑，瘦小的庞氏体力不支，不小心摔昏在江边。

苏醒过来后，她顾不上身上的伤，赶忙担了江水往家赶。但到家时已经很晚了，口渴难耐的婆婆不分青红皂白责骂了她，还一气之下将她赶出了家门。

庞氏无奈，只得寄宿在邻居家里。她日夜纺纱织布，用换来的钱买好吃的东西，托邻居老太捎给婆婆。姜母见邻居老太常来送东西，觉得很奇怪，一问才知是儿媳庞氏送的。她觉得很惭愧，就把庞氏接回了家。

婆婆还有一个爱好，就是特别喜欢吃鱼，并且要人陪着，说只有这样吃才有味道。夫妇俩尽力满足老人的嗜好，每天起早贪黑干活挣钱买鱼给母亲吃，并请邻家的老太陪着她一块儿吃。就这样，庞氏每天又要担水做饭，又要买鱼烧鱼，忙得不可开交。一年又一年，十年过去了，可她从来也不抱怨。

传说，后来有一天，姜家屋后突然冒出一股泉水来，那泉水如同沱江水一样清澈、甘甜；每天清晨，泉水里都跳出两条活蹦乱跳的大鲤鱼。夫妻俩高兴极了，每天用新鲜的泉水和鲜嫩的鲤鱼孝敬母亲，不敢有丝毫松懈。

　　这个传说生动地展示了中国人对孝道、孝行的重视，所以流传千年，至今不衰。

孙君琪

# 缇萦救父

在中国的古代，为了维护统治，统治者很早就开始实行"肉刑"和"连坐法"。

这些残酷的刑法直到西汉文帝时才宣布废除，而促使汉文帝下此决心的竟是一个叫缇萦的小女孩。

事情是这样的：

当时，齐地临淄有个叫淳于意的读书人，除了做学问，还精于医道，经常为街坊邻里治病。方圆百里的人都纷纷上门求医，淳于意也因此出了名。

淳于意早年曾当过太仓县的县令。他对穷苦百姓的要求有求必应，而对衙门里趋炎附势、鱼肉百姓、官官相护的行为深恶痛绝。最终，他觉得自己耿介爽直的性格与官场格格不入，便主动辞官，甘做一名游走天下、悬壶济世的救命郎中。

可是，淳于意专事行医不久，就遇到了一个大麻烦。

有位富豪的妻子已经病入膏肓，但为了试试运气，托人几番请淳于意前来诊疗。淳于意明知无法治愈，但为了救死扶伤，犹豫再三之后，勉强同意抢救。可是，因为病情太重，病人用药之后没过几天便一命呜呼。

可恨的是，这富豪竟忘了淳于意事前的提醒与说明，非要告他庸医杀人。而当地官吏接受了贿赂以后，便不问青红皂白，直接判淳于意肉刑。

所谓"肉刑"，指的是在脸上刺字、割去鼻子、砍去左足或右足等五种刑罚，手法十分残忍，而且极大地戕害了人的自尊。

因为淳于意曾经做过官，按当时的法律，得押解到长安受刑。

消息传来，全家哭成一团，但谁也想不出个好办法。淳于意有五个女儿，却没有一个儿子。临行前，淳于意仰天长叹："咳，老天爷为什么让我只养了五个女儿？却没有一个儿子？危难之时，全都指望不上。"

就在大家涕泪横流之际，淳于意最小的女儿缇萦站了出来："爹爹，我愿随您一起进京申辩此事。"

姐姐们愣愣地看着妹妹将信将疑，父亲则坚决劝阻，而解差当然是断然拒绝：带着这么一个不更事的小女孩儿，路上得添多少麻烦哪！

没想到，这尚未成年的小女孩竟然以死相向，解差们怕出人命，只好无奈地带着她一起上路。

历经雪雨风霜，缇萦衣衫褴褛地来到了京城长安。

谁也没想到，她想见的人竟然是当朝皇帝汉文帝。几经辗转，缇萦的上书书终于送到了汉文帝的手中。

缇萦毕竟出自官宦人家，字虽然写得尚幼稚，但用词得体，态度恳切：

"我叫缇萦，是太仓县淳于意的小女儿。我父亲在齐地做官的时候，当地的百姓都说他是个清官。这次因行医蒙冤，又要遭受肉刑，这不但让我们做女儿的替父亲伤心，也替天下所有受肉刑的人伤心。

一个人脸上被刺了字，就一辈子不好见人；割去了鼻子，不能再安上；砍去了脚，就成了残废，不能再为国家做事了，就是想改过自新也没机会了。这样，于国于民都不利。为此，我愿意去做官奴婢来赎替父亲的肉刑，让他有机会改过自新。恳请皇上开恩。"

汉文帝阅后大为感慨：一个小女孩为救父命竟有如此勇气，对国家的陋刑竟有如此深刻的认识，实在难得，感人至深。

于是，汉文帝立即召集群臣说："人犯了罪，应当受罚，但也要给他重新做人的机会才是，而惩办一个人，还要在他脸上刺字或残害他的肢体，就太过分了。另外，一个人犯了法，还要把他的家人、亲戚一起办罪，也太过残忍，太不公平了。为此，我决定废除肉刑和连坐法，你们赶紧另行商议个办法吧。"

从此以后，汉代将脸上刺字的肉刑改为做苦工；将割去鼻子的肉刑改为打三百板子；将砍去左脚或右脚的肉刑改为打五百板子；同时，废除了连坐法。

孝心勇敢的缇萦不仅以自己的义举救了父亲，还替天下人做了一件大好事，这让人们铭记至今。

张冠宇

# 陆陇其以身作则

"百善孝为先"，如果一个人连父母都不孝敬，他能爱祖国、爱人民吗？

陆陇其，康熙九年进士，清代理学家，曾任嘉定、灵寿知县等职。他以清正廉洁、简朴节俭、孝敬父母闻名于天下。

那一年，他正在京城参加殿试，忽然听说父亲去世了，什么也不顾，连鞋都没来得及穿，就赤足步行往家赶。他到了家，日夜哭泣，守在灵前不入卧室，只席地而卧。他的孝行感动了父老乡亲。

陆陇其不但孝敬父母，在灵寿县做父母官时，也深得百姓爱戴。

有一天，一位老妇人来状告儿子不孝。当陆陇其得知她儿子是个十七八岁的少年郎时，便对老妇人说："我还没有仆人呢，你儿子可先暂时在我这里帮帮忙，等我找到合适人选，再教育他。他悔改后，再遣送回家。"

从此，这个少年就每天侍奉在陆陇其左右。一天天，一月月，他耳闻目睹陆陇其的孝行激动不已：

每天早晨，陆陇其都毕恭毕敬地站在老母的门外。母亲一起床，立即进上洗漱用具，然后再进上茗饵。午饭的时候，他仍在旁边服侍，给母亲献上好吃的食物，还生怕饭菜烫嘴，逗引母亲开胃多食，而他自己总是以母亲吃剩的饭菜来充饥。晚饭时，只要有一点空闲，他就陪母亲说笑，讲故事或民间传说，好让母亲高兴。母亲体弱多病，稍有不适，他就扶腋搔痒，取药倒水，几夜不睡，毫无倦意，直到母亲痊愈。

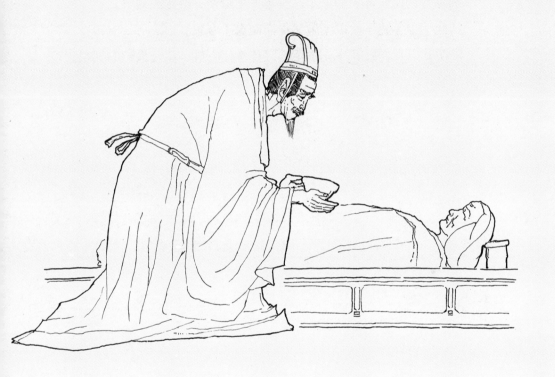

几个月过去了。忽然有一天，少年跪在陆陇其面前，请求回家看望母亲。陆陇其问："你不是和母亲不和，怎么还要去看她呢？"

少年哭着说："过去我不懂事，对母亲不孝，现在好后悔啊！"

陆陇其让他们母子相见了。少年一见母亲，就抱头痛哭。

从此，少年变了，以孝敬父母而闻名于乡里。

陆陇其以身作则，率先垂范，以德教化百姓，深受人们的拥戴。

孙君琪

# 拔出一根刺，带出一颗心

那是一档访谈类节目，被邀请的嘉宾姓钟，四十岁，是个被错抱错养的孩子。他说：那一天，我和我妈去拿 DNA 鉴定结果。鉴定人员说，我和我爸我妈没有血缘关系。我听后差点晕倒。我妈耳朵有些背，问我，那人说什么了？我大声说，他说我不是你的儿子！我妈听后没有说话。我们一起往家走，一路谁都没有说话。到家了，我拿出钥匙开门，突然心里就十分十分不好受。我问自己，这是我的家吗？我怎么一下子在这里"全托"了四十年？

整个节目做下来，钟先生都是无比痛苦迷茫的表情。节目中穿插了一些钟妈妈的镜头，老人家一直在哀哭，她在精良仪器的测定结果中失去了疼爱了四十年的儿子，也把自己难以辩解的忠贞置于丈夫愤怒怀疑的目光之下，一瞬间，她的家，她的爱，她的一切土崩瓦解了。

我叹息着，想起了不久前读到的另一个故事。那是一位知名作家写的关于他自己的真实故事。在他很小的时候，他的母亲就将自己腹部的一道疤痕指给他看，对他描摹他出生时曾带给母亲怎样的痛苦。后来，他得知母亲腹部的那道疤痕本与自己无关，他只是偶然闯进母亲怀抱的一只失却了家园的小鸟，而母亲却将这天赐的礼物视若至宝。真相幽灵一般在每一个白天和黑夜里徘徊，但是，母亲没有说穿，儿子也没有说穿。儿子的孝顺远近闻名，并且，他有许多温暖的文字都是奉献给这个一直用善良的谎言温暖着自己身心的老人的。直到老人去世，他的那篇忆念慈母的散文也只是隐约谈及自己的身世之谜。他不是对自己的来路不甚了了，而是担忧慈母哪怕是在走远走了之后也会听到儿子被真相撕扯时那痛苦难耐的呻吟啊！所以，他连纸张都瞒过了。我把那篇佳作推荐给我的孩子读。读完之后，孩子问：妈，那他到底是不是抱养的呢？

上帝犯过太多的错误，太多的错误都需要纠正。但有一样错误，我们纠正的时候就又不自觉地铸成了更大的错误。上帝把一个生命投进了一个空虚寂寞的怀抱，那怀抱顿时温暖充盈起来，四季都拥有了甜美的梦想。那小人儿哭了，母亲便找出千般理由自责；那小人儿笑了，母亲便有了万重理由欢跃。多吃一口则喜，少吃一口则忧。顶在头上怕歪了，含在嘴里怕化了。从及腰高到及胸高再到及肩高直到高过母亲的头顶，这个过程，是石头开花的过程——连石头都要被这伟大的爱感动得生了根、发了芽、开出美艳芬芳的花朵，何况人呢！

那个最初的怀抱，不管它是否曾被血缘注册，都是我们正宗的家园。真实的养育，真实的疼爱，琐碎的欢乐，琐碎的忧伤。那个怀抱比世界还要大一些，却能将小小的我们搂得紧紧的。真相横陈，谁又能够轻易抽身？好比是，我们本想从血肉中拔出一根刺，可随着那刺拔出来的，竟是一颗活蹦乱跳的心哪！

张丽钧

# 女儿的短信

"妈妈，外面比昨天冷，风很大，多穿点。"

女儿小粽子的这条短信，发送时间是 2005 年 12 月，那时她还在读高中，而如今，她已在北京上大四了，算起来，我开始保存她的短信已经五年多了。

"有时看到一些电影或书，会有很多感慨。小时候在父母身边真的特别美好，时间过得却那么快。"

"爸爸妈妈：我特别爱你们，昨天在麦当劳与一位五十多岁的大妈交谈，深感自己还有很多做得不够好。我一定努力学习，一定争气……"

每当收到这样的信，心里总是很欣慰，在求学的同时，女儿也在不断成长。其实，她很善良，孝顺长辈，非常懂事。每次从超市购物出来，她不会让你提任何物品。

"晚上，老师带我们有症状的几个同学去海军医院看急诊，我和另一个同学确诊为流感，需在寝室自我隔离。有老师和同学们照顾，你们不要过分担心。"

"今晨看央视新闻，得过流感的人，身体里有流感免疫抗体，现在，急需这样的血源。我赶忙与血液中心联系，得知距离上次献血不足六个月，不符合献血规定。"

自考上大学的那年起，她每隔半年，义务献血一次，红色的献血证上已有八次记录了……

"站在寝室阳台上，看到参加阅兵式的飞机朝着天安门方向飞去，超激动！"

"妈妈，我陪爷爷、奶奶在琥珀潭散步。刚吃了我带去的糊塌子，爷爷说我将来不仅饿不到，还很会吃呢！"

女儿从小爱做家务，没有独生子女的娇气。假期里还爱学着做饭，炸猪排、咖喱鸡翅、红菜汤、寿司做得有模有样。"糊塌子"是她在电视里学的一道北京小吃。

"这个假期在家，在你们身边，真的很幸福。开车有一会儿了，上铺的小姐姐怀孕了，上下不方便，想换下铺，可那个年轻男子不愿意，还佯装睡着了，怎么会这样？她难过地流泪了，我安慰她，让她睡我的中铺，毕竟少爬一层。"

"都说今冬极寒，我给爷爷、奶奶和爸各买了顶皮帽子，但愿他们喜欢。"

"这都是应该的，你们不要太感慨，这会让我觉得自己做得太少。我现在还是用你们的钱买礼物，但请相信，我会越来越好的。"

"临近毕业了，有时会突然焦虑，不知道自己要什么？但有时又会想到要实现自己的理想。感谢你们的养育之恩和种种教育。无论如何选择，我都不害怕，一定会让你们为我骄傲。"

女儿，妈妈只想告诉你，无论是继续求学，还是走向社会，父母都会支持你，因为你已先学会了做人……

秦佳凤

# 姥姥语录

## 1. 姥姥语录选

"有好事想着别人，别人就老想着你。你有了好事不想着别人，只顾着自己，最后你就剩一个人了，一个人就没有来往了。一个人一辈子的好事是有限的，使完就完了，人多好事就多。"

"有一碗米给人家吃，自己饿肚子，这叫帮人；一锅米你吃不了，给人家盛一碗，那叫人家帮你。"

"不管啥事你想不通倒过来想就通了，什么人你看不惯换个个儿就看惯了。"

"爱越分越多，爱是个银行，不怕花钱，就怕不存钱。"

"东西不在多少，话有时候多一句少一句可得掂量掂量。有时一句话能把人一辈子撂倒，一句话也能把人一辈子抬起来。"

"人生下来就得受苦，别埋怨。埋怨也是苦，不埋怨也是苦。你们文化人不是说'生活就是生下来活下去吗'？什么是甜？没病没灾是个甜，不缺胳膊少腿是个甜，不认字的人认了个字也是甜。"

"日子得靠自己的双脚往前走，大道走，小道也得走，走不通的路你就得拐弯，拐个弯也不是什么坏事，弯道儿走多了，再上直道儿就走快了。走累了就歇会儿，只要你知道上哪儿去，去干吗，道儿就不白走。人活一辈子就是往前走，你不走就死在半道儿上，你为什么不好好走，好好过呢？"

### 2. 太阳搂着姥姥睡了一天，月亮陪着姥姥又睡了一晚

眼看着姥姥老了。

老了的姥姥盘腿儿坐在床上说着说着话就睡着了。宽大的落地窗下，太阳一照就是一整天。下班回来，我经常逗姥姥："又搂着太阳睡了一天吧？"姥姥的脑子没老："是它搂着我睡了一天，不是我搂着它。"

"人家太阳那么大的官儿会主动搂着你这么个普通百姓？"

"这就是太阳的好哇，管谁都赶不上它公平，不偏不向，不歪不斜，对谁都一样，给你多少就给他多少。"

担心月亮出来姥姥不困了，结果姥姥又陪月亮结结实实睡了一晚上。

五十年了，心跟着姥姥一起走。小时候是她扯着我，长大了是我扯着她。多少个艰难的时刻，都是姥姥用她那大白话点拨着我，支撑着我；多少个想不开的问题，都是姥姥一个个鸡毛蒜皮的比喻让我豁然开朗。姥姥的宽容、姥姥的良善，不断地修正着我的缺点，改正着我的错误，姥姥的智慧、姥姥的光亮始终照耀着我，温暖着我。可是姥姥要走了，这一切她会带走吗？即使都会留下，我怎么还是那么无助、那么害怕呀？

当年给生产队剥花生种子的时候，聪明的人家常把自己家的瘪花生偷偷地换给生产队，留下的是公家的好花生。姥姥从不做这种"聪明"事。

长大了我问姥姥："你是咋想的？"

姥姥说："大花生、小花生吃到肚子里都得嚼碎了，种在地里可就不一样了。好种子结好花生，孬种子结小花生。孩子也是这样，你

们都在跟前看着。我要是做那'聪明'事儿，你们长大了就不聪明了。种下什么种子就长出什么果。"我被姥姥震撼了。她想到了从道德上去影响我们，去规范我们。"不坑公家，不占便宜"是姥姥的家法。

姥姥爱干净也爱美，更爱勤俭。穿在里边的秋衣秋裤两大抽屉，姥姥洗了又洗，改了又改，常年不穿的都有两箱子，你要想让她扔掉是件很困难的事。

那年开政协会碰到梁从诫先生（梁思成的儿子），他是环保倡导者。他说其实家里最大的污染源是不穿的旧衣服、不用的旧物。回来我就跟姥姥商量把不穿的旧衣服都扔了，我带头。姥姥说啥也不同意。是啊，过了一辈子"新三年，旧三年，缝缝补补又三年"的日子，姥姥怎么能和梁先生在一个水平线之上啊？

啊，我又想了一招。

"姥姥，我们单位回收旧衣服，无论大小、厚薄、男女，一件回收返还你一百元。你看看你有没有不穿的旧衣服？"

姥姥真是贪财呀（也真是老了，糊涂了。一百块买新的也买了，什么单位做这种赔本的买卖呀），一口气收拾了二十三件她的旧衣服交给我。

两千三，第二天我就从"我们单位"拿回钱来交到姥姥手里。

三天过去了，我的表妹玲玲打电话告诉我，姥姥去城南她的家里帮她收拾了五十七件不穿的旧衣服，要拿给我们单位回收。

天哪，五千七百块我收回这一堆破衣服！我表妹知道这又是一幕戏，电话里大笑不止。玲玲说，姥姥一边叠着她那些旧衣服一边说："像你姐这样的单位哪儿找去？多收拾点。"

另一个表妹凌云的电话也来了（这些表妹都是姥姥带大的她的亲孙女），姥姥把我们单位回收旧衣服这件事在她的亲戚里传遍了，好在谁也不信。

但姥姥这两千三拿到手了，她是真信了，她是捡着便宜了，她是高兴了。我们也高兴啊，我们的目的都达到了，双赢啊！

我说："姥姥，我们单位这事你别到处说，单位照顾，收不了那么多。"我是担心她再把村里那些亲戚的旧衣服收来，我就惨了。

姥姥说："有好事想着别人，别人就老想着你。你有了好事不想着别人，只顾着自己，最后你就剩一个人了，一个人就没有来往了。一个人一辈子的好事是有限的，使完就完了，人多好事就多。"

想起我第一次挣到最多的钱是一万块，我就悄悄跟姥姥说了，也拿给她看了。

姥姥说："钱这个东西，越看越多。我看了就等于你挣了两万，再给你妈看就等于三万了，再给你哥看就是四万了，欢喜成了四倍了。"姥姥的欢喜都是乘法，忧伤都是除法。

## 3.好心加好心，就是搅人心

我真觉得姥姥是我身边的一块宝。姥姥最后的几年，几次来北京又几次回山东。姥姥每次走时心里都浸着泪水，每次都说："再来就得下辈子啦！"

我更是无可奈何，我妈、舅姨们都太强硬了。

"好心加好心，就是搅人心。"姥姥说。

姥姥最后一次离开北京已经九十七岁了，那一年为了孩子上学，我们从城西搬到城东，就住孩子学校门口。当时买房子也就剩最后一套了，十楼，这是姥姥一生里住过的最高的楼了。姥姥住的是家里最朝阳的一间屋，楼前就是刘罗锅的四合院大宅子，不远处是王府饭店，再往前看就是北京火车站，没有任何高出我们楼的建筑物。姥姥很喜欢，每天倚窗看景，等着我儿子放学回来。

姥姥最后一次离开北京我现在想起来都心酸，她不愿意走，我也舍不得，可她的五个儿女都已经形成决定了。毕竟是他们的妈，我们第三代、第四代只能是顺从了。妈妈也是快八十的人了，也不能强她之意。爱姥姥，也爱妈妈、爱舅、爱姨，其实真没有轻重，只是觉得孝顺姥姥的日子不多了，妈妈他们还有的是日子给我们孝顺。

怕太伤姥姥就过渡一下，让小姨陪着姥姥先搬到北京城南的小表妹玲玲家，说是我要出差了，家里没人，照顾不了姥姥，等我出差回来再搬她回来。姥姥也真是老了，我出差，全家都出差呀？我永远出差呀？

二十分钟的路程，一个月的时间我才去看了姥姥三回。

在玲玲家的姥姥头也不梳，穿着毛裤坐在床上剥瓜子。想着在我家的时候，姥姥每天都一丝不苟地把头梳得利利落落，还照着镜子用清水把散落的头发收拢，衣服也穿得整整齐齐。问她为啥，姥姥说："玲玲家也没外人来，不像你家总有客人，都是些能人、高人，不穿整齐了给你丢人。"

姥姥的确在我家见过很多她从前只在电视上见过的人，念念不忘的是赵老师吃包子的事。"赵忠祥这个人儿啊跟电视上不一样，我给他数着呢，一口气吃了七个包子，头都不抬。"姥姥不是心疼那七个包子，她是觉得荣耀，一个成天在电视上说话的"干部"，吃了七个她亲手包的包子，她多欢喜呀！"一看就知道这是个忠厚的人，也是个挨过饿的人。"姥姥这样评价赵老师。

如今在玲玲家，姥姥虽然还上着班剥着瓜子，可已经没心气儿了。她常常倚在窗户前眺望远方，远方是北京的更南边，她不知道我就在她的身后，北京的北边。姥姥在北京是分不出东西南北的，她不断地问："这是哪儿啊？"我那个心疼呀！

　　每次去看姥姥，我都和表妹拉上一车吃的。明明知道姥姥吃不了什么了，可没有别的表达方式，只能花钱吧，买最好的、最贵的。玲玲家住三楼，没有电梯，我们一箱子一箱子地往上搬，姥姥就站在楼梯口看着。我头也不敢抬，嘴更不敢张，生怕一说话嗓子就热了。每次去，小姨和姥姥都为我们包上小时候最爱吃的山菜包子，吃饭的时候我拼命往肚子里填，可包子能把泪水堵住吗？堵不住，上洗手间待一会儿……出来姥姥又递上一个包子，接过来吃了吧，今生今世还能再吃几回姥姥包的包子？

　　跟了姥姥五十年，从前大把的时间怎么不知道金贵呢？人生最大的痛苦是你和深爱的这个人彼此都知道离别开始倒计时，尤其是姥姥这样的人，她清醒地知道生命的结束是无力回天的，这是生命的悲哀。曾经那么热爱活着的日子，那么知足地生活的姥姥啊！心中的悲伤从来没说出过。

　　"行啊，都活这么大岁数了，知足了。"姥姥不是说有些话要反着听吗？

## 4. 年龄大了，钱有的是，可身子穷了

　　姥姥最后的几年，我明显地感受到她对将要离开人世、离开亲人的哀伤，家里的一切人和事对她都是如此的重要。每年过春节，我们都像打扮小孩子一样给姥姥穿上新衣服。春夏秋冬，我们不断地给她买好看的能让她欢喜的东西。她总是说："快死的人了，别费那个钱了。"她把自己的衣服洗了又洗，叠了又叠，时刻准备着。

冬天姥姥咳嗽得一宿一宿地坐着睡，坐累了就跪着睡，跪着睡的样子像是在给老天磕头。姥姥的枕头边上总是放着一个小苹果，咳嗽厉害的时候就咬上一口压一压。压什么？不知道。是怕咳嗽声吵醒我们？那姥爷的呼噜声比姥姥的咳嗽声吵人多了。

那时候的我还没有水缸高，就知道半夜起来从缸里舀一瓢凉水给姥姥放在炕头。水缸前的石头片姥姥垫上两块又取下一块，怕垫高了我一头栽进缸里，垫薄了又怕我够不着水。

那时的我就想，为什么姥爷不管姥姥？"咳嗽声把房盖儿掀了，他也不会醒。"真实的夫妻可能就是这样，咳嗽半辈子了，这还算个事儿？

咳嗽这事还真折磨了姥姥半辈子，天一凉姥姥就变成另一个姥姥了。有点儿烟就呛得慌，见点儿风就咳嗽，好像总是半口气儿半口气儿地喘，有时喘着喘着气儿就上不来了。在炕上暖和的地方围着被坐着还好点，只要一下地，一见风，姥姥就不停地捯气儿。

懂事的我冬天里把姥姥的活能干的全干了，不能干的也全干了。喂猪啊，给鸡拌食啊，烧火煾饭啊，什么都会做，什么都敢做。姥姥说五六岁的我干起这些活儿就像个大人，有模有样。

妈妈从青岛给姥姥捎来的桃酥点心，我每天都用热水给姥姥泡上一碗。每次姥姥都喝半碗剩半碗，"吃不下了"，是留给我的。懂事儿的我也总说："吃了恶心。"留着剩下的这半碗等夜里姥姥咳嗽时我再从暖瓶里倒点水兑上让姥姥喝了。

如今在商店里看见了那没人买的老桃酥还倍感亲切，姥姥在的时候我还时不时地买上一斤拿回家，和姥姥一人一块儿地品尝着它特有的香甜，我说这叫"重温"。

我怕姥姥死。很多个冬天，姥姥都说这一冬她过不去了，所以春天一来我和姥姥都心花怒放。什么是春？姥姥房檐上的冰柱子化了，水缸里的冰块开始不成形了，门不费劲儿地推开了，这就是春啊！我和姥姥的春比别人的早，盼得急呀！

春天一来姥姥就不咳嗽了。

可姥姥依然打怵过冬天，这个冬是姥姥生命中的冬。

好日子开始的时候，姥姥已经七十岁了，这是她生命中的冬天。眷恋生命、热爱生活的人才怕死。

姥姥说："人就是贪心啊，年轻的时候就想能活够七十那就算大福了，可七十来了怎么这么不甘心啊？"

我问姥姥："假如现在地球静止了，一切都不变了，每个人选择自己喜欢的年龄定格，再也不变了，你选择多大？现在这样还是年轻的时候？"

姥姥说："二十来岁。"

"那时候有什么好啊？穷得叮当响，你应该选现在啊姥姥，什么都有，富富裕裕的一个老太太。"

"孩子，不管多么富裕都没有年轻富裕啊。年轻的富裕就是胳膊是胳膊，腿儿是腿儿，年龄大了富裕管个啥？眼也花了，牙也酥了，浑身都穷了。钱有的是，可身子穷了。"

**5. 我想写部电影剧本叫《姥姥》，让姥姥演主角，让姥姥获奖**

家中的东西，姥姥觉得最金贵的就是我那些奖杯，光荣与梦想始终是姥姥的精神所望，她觉得没有比受人尊敬是更高的拥有了。一大堆的奖杯放在箱子里，姥姥一个一个地摆出来，我再一个一个地装回去。只有我知道这些荣誉意味着什么，它们不是真正意义上我个人的付出和价值，无论电视还是电影，都是集体的力量，把它们摆在家里实在是让我惭愧。不是虚伪也不是造作，我就是这样的一个人，真的能分清哪些是属于我的，哪些是不属于我的。我从没有因为获奖而觉得自己了不起，我也从不认为别人说我不好我就真的不好。我经常站在秤上，几斤几两，骨头多少、肉多少、血多少，我心里有数。

姥姥不这么看。"光荣花为什么都是红的？你啥时候见人戴着绿光荣花、黄光荣花？红的就是最好看的那一朵儿，就是最光荣的那一朵儿！"

获"华表奖"最佳女演员的那一天，我是和八十五岁高龄的黄素影老师并列获奖的。黄老师是因为在张洁的小说改编的电影《世界上最疼我的那个人去了》里演母亲而获奖的。因为给姥姥念过这本书，所以我回来跟她说："今天见着张洁的妈了啊！""啊？张洁的妈不是早死了吗？"

这就是电影的魅力，张洁的妈在电影里永生了。我给姥姥看照片，是我和黄素影老师在台上相互祝福的那张，《北京青年报》卢北峰拍的，拍得很精彩。

姥姥无比羡慕地用手摸着照片，"你看，这路的人活多大岁数都有用，还能获奖，这个老婆儿没白活"！"姥姥，你好好活着，赶明儿我也写个电影剧本，就叫《姥姥》，请你主演，也让你获奖。"

姥姥笑得前仰后合，"主演不行了，当个猪眼都没人要，老了，天快黑了"。

请姥姥拍个电影虽然是一句玩笑，但在姥姥心中还是升腾起了一丝的期望，已经许久不提了的白内障手术问题又提到议事日程上了，"多会儿去三〇一做手术？先去检查检查吧"。新衣服拿出来又放回去，"等有个大事儿再穿吧"。姥姥说的大事儿就是拍电影。

姥姥走了我也常后悔，许给姥姥那么多虚无的光荣与梦想到底是帮了姥姥还是害了姥姥？心中的旗帜一面面地升起，鲜花一团团地怒放，姥姥的冬天真的温暖些了吗？许多好日子还没过，许多梦想还没实现，姥姥她愿意走吗？

### 6. 我有"三个爸爸"，但我只信姥姥说的那个"爸爸"

姥姥因为我没有"父爱"而格外地心疼我。

看着邻居的父母双双拉着孩子的手在院子里走，姥姥就会很夸张地转移我的视线，不是领我去买个冰棍，就是给我几分钱去看会儿小人书。以我现在的理解，这种内心的痛，大人比孩子痛多了。

记忆中我只跟父亲转过青岛的中山公园，父亲推着车子，我和哥哥跟在后面走，言语不多的父亲偶尔说两句话，也记不清说的什么。每次像完成任务一样，和父亲见过面就急急忙忙地逃离开。回到家姥姥的盘问让我很不耐烦。"你爸说的啥？领你们吃的啥？你爸穿的啥？你爸胖了瘦了？你爸笑了哭了？"我一句也答不上来，真的不记得，也不想记着……

爸爸的形象在妈妈的描述中和姥姥的描述中完全是两个爸爸，再和我见到的爸爸加起来，一共是三个爸爸。"姥姥，你和妈妈说的爸爸到底哪个是真爸爸？""你妈说的一半儿和我说的一半儿再加上你自己见到的一半儿就是你那个真爸爸。"哈，一个半爸爸。

妈妈描述的爸爸太坏，姥姥描述的爸爸又太好，我信姥姥说的那个爸爸，所以心目中的爸爸是良善、正直、清高的，只因和妈妈"鸡狗不和"罢了。

我从没有在爸爸面前喊出过"爸爸"这两个字，是姥姥一生的遗憾。在姥姥的生活哲学中，一个孩子不会叫爸爸，不曾有机会叫爸爸，这是多么让人心碎的一件事，她一生都在努力地让我叫出一声"爸爸"，可我就是发不出这个声音。

我的自私、我的狠也是我至今纠结的一个点。多大的过节、多大的委屈、多大的灾难，我都可以化解、都可以承受、都可以改变，为什么这么小的事儿在我一生中就改变不了呢？

父亲是因脑溢血而住进医院的，从发病到去世的一个月里一直在重症监护室睡着。我是在他睡着的时候和他见的最后一面，所以也不能叫做见面，因为父亲不知道。他躺在最先进的病床上，像个婴儿一样，脸红扑扑的，甜甜地睡着，脸上有些笑容，似乎有些知足。我和哥哥一人拉着他的一只手目不转睛地看着他，一个儿女双全的父亲"幸福"地躺在那儿，多么大的一幅假画面。父亲幸福吗？我们是他的儿女吗？

一生只有这一次拉着父亲的手，这么近距离地看着这个给予我生命的父亲，心里的那份疼啊，真的是折磨，人生的苦啊，怎么会有这么多种？这么不可想象？

父亲怎么会忘记，他这个女儿原来叫刘萍，还是奶奶给起的这个名。母亲当时还说萍字不好，浮萍，飘摇不定，应该叫"平安"的"平"啊！

我断定，我做了多少年主持人，父亲的心就被搅了多少年。

我恨自己，一个一生都不曾喊过爸爸的人还有脸坐在这儿，爸爸你为什么不睁开眼睛骂我一顿？

人生就是这么残酷。主治医生来查房，"你们试试，不停地叫他，叫他爸爸，他也许会苏醒，脑干的血已凝固了一半儿，或许奇迹会发生"。

叫爸爸？我和哥哥都懂了，此时亲人的呼叫可能比药物更管用。哥哥不停地喊："爸爸，我和妹妹都来了，你睁开眼看看，左边是我，儿子小青，右边是妹妹小萍，爸爸……"

我不相信我没喊爸爸，我喊了，爸爸没听见，任何人都没听见，因为这个"爸爸"依然没有声音。爸爸，我只是双唇在动，我失声了，心灵失声了。一生没有喊过爸爸，最后的机会都让自己毁了，我是这个天下最不女儿的女儿了。我恨自己！

心中有怨恨吗？没有啊。从懂事起姥姥传达给我的那个爸爸就已经让我不怨不恨了，爸爸生前我也按常人的理性多少次地去看他，给他送钱。出口欧洲的羊绒衫，因为爸爸喜欢它的柔软宽大，我一买就是十几件；儿子会跑了，我还专门把他从北京带去给姥爷看。该做的好像都做了，但真正该做的我知道，却没做，从来都没做。叫一声爸爸，叫不出。

真的，我从没有缺失父爱的感觉，男人、女人在我成长中没有什么差别，舅舅、姨、姥姥、姥爷一如父亲母亲一样地爱我。小时候看电影、赶集、看活报剧，凡是人多的地方，我一定是被舅舅扛在肩上，站在最高的地方，我们看戏，人们看我们。累了、困了，不是舅舅背着就是舅舅抱着。

即使离开水门口到青岛上学了，每年寒暑假大舅都来青岛和我们一起过，钱不多的大舅总是花光最后一分钱才离开青岛。我和哥哥跟着大舅这个大男人吃过最好的饭店，穿过最好的衣服。我记得大舅有一年春节光钱包就给我买了四个，原因就是我们班上有个叫娄敏怡的同学，她爸爸给她买了两个钱包。

长大了才知道，全家人都用心地在扮演着爸爸的角色，至今这几个舅、姨在我心中都是那么亲、那么有力量，不能不说这是姥姥的良苦用心啊！

报答，报答不了的是恩情啊。舅姨的儿女们也都如他们所愿，我们像一家人、一奶同胞一样地生活在一起。我能够做什么呢？出钱让舅姨他们游山玩水，前些天刚从台湾回来，国内玩够了再去国外，可这一切一切都报答不了他们对我的养育之恩啊！

姥姥说："有一碗米给人家吃，自己饿肚子，这叫帮人；一锅米你吃不了，给人家盛一碗，那叫人家帮你。"

全家人都一直在帮我，从小到大、从过去到现在。我忘不了，因为这是一碗米给我吃了，他们饿肚子；而现在我帮他们是一锅米我吃不了。

爸爸的去世姥姥并不知道。

生病的最后日子，姥姥还嘱咐我："有空多去看看老刘。"估计姥姥对我此生叫出一声"爸爸"不抱任何希望了。

倪萍

编者按：倪萍的文字轻巧中有沉重，幽默里透露着深邃。她的思路是那么跳跃，她的语言是那么鲜活。她让人笑、让人掉泪，让人掉着泪笑。这一切跟她的素养有关，更重要的是跟姥姥有关。假如没有这位平凡又伟大的姥姥，就没有这么鲜亮的文字。所以我们向姥姥深深鞠躬，当然也向把姥姥的语录赠给我们分享的倪萍表示深深的谢忱，愿你的身心永远这么年轻。（文字作过删节，小标题均为编者所加。）

# 相永好，不言别！

社区里住着一对教授老夫妻。他们的故事凄婉而又美丽。

妻子王蒲柳教授原是农业大学的土壤学专家；丈夫李汉雄，是美国某大学的终身教授，现在回国，是几所大学的特聘教授。他们有一儿一女，远在异乡：儿子在德国读博士，女儿在内蒙古参与治沙造林工作。只有两位老人一早一晚，牵手在社区的湖畔、小道上漫步。他们向所有的邻居微笑点头，所有的邻居向他们点头微笑。他们的故事只有"青春飞扬俱乐部"的主任吴华知道，但她不肯向别人诉说。别人也从未打听过他们的故事，只觉得这是一对幸福的老夫妻。

渐渐地，邻居们发现王蒲柳教授变了，似乎是，变得木讷、变得呆痴，虽然见了邻居依然微笑，而且那笑容更加灿烂，却仿佛只留下了习惯，少了些内容。人们担心她是不是患了……患了老年失忆症？人们开始主动地同她说话，她却总是笑而不答。终于，社区服务站的工作人员为她请来了一位陪侍的小护士，通过吴华悄悄告诉大家：王教授真的患了老年失忆症，就是人们俗称的"老年痴呆症"，希望大家能好好地帮助她。

这天，吴华告诉"青春飞扬俱乐部"的朋友们，明天，是李汉雄、王蒲柳两位教授的五十年金婚纪念日，请大家一起参加，共同庆祝。大家自然非常愿意参与，但也有几位心生疑窦：他们的婚礼是在1978年举行的，怎地2012年就金婚五十年了？我们参加了他们的婚礼呀？！

两位教授的金婚纪念会开得热烈又温馨。当人们欢迎幸福的老夫妻致辞的时候，李汉雄教授讲了下面的故事：

"非常感谢各位亲朋好友的关爱，让我们度过这美好的一天。有几位朋友可能怀疑，他们参加过我们1978年的婚礼，至今才三十四年，怎么会是金婚五十年呢？我必须如实禀告：

我和蒲柳，是所谓青梅竹马，是少年时的伙伴，北京人说的'发小儿'。1955和1956年我俩分别考上了大学，相约大学毕业后结婚。谁知道1957年春夏，突如其来的一场变故，打碎了我们的美梦。蒲柳的父亲作为农业专家，曾经参与过一些教育家推行的'乡村建设运动'和'平民教育运动'的项目。这些活动的组织者是梁漱溟、张东逊、晏阳初等大哲学家、大教育家。1957年之后梁先生的境况，今天七十岁以上的国人都很清楚。晏先生那时早已离国，后来帮助许多东南亚国家解决农业问题，效果如何且不去论，反正他的名声在国外灿如明星，而在国内当时如'丧家之犬'。

蒲柳的脾气年轻时是颇为自信和爽直的，她不能忍受在她心中如济世大善人一样的父亲，平白遭到诬诟，便为梁先生、晏先生和她父亲的事业辩诬。这一来，后果可知，她成了……哦，成了'不齿人类的狗屎堆'……好歹毕业了。那时，那时，她不要我去看她，不要我对别人说，说，我认识她……那时，我不好，真的不好！我真的竟然不敢去见她！她的苦……我增加了她的苦……我至今不能原谅我自己那个时候的软弱，没出息……

那时我正处在被审查之中，决定是否能被公派出国留学……我的导师，也是审查我政治条件的负责人，何教授（感谢他的在天之灵），把出国留学通知书交给我时，我忽然决定，不去了，留在蒲柳身边。我眼含热泪刚一张嘴，何老师就伸出一只手，严厉地轻声说：'你年轻，不懂事！公派留学，你可能只有这一次机会。你的心思我明白。

你要想救人，先得救自己。至于你怎样对人……我相信你。'他拍拍我的肩膀，说：'你不会伤我这老头子的心！'……

我悄悄地通知蒲柳到紫竹院公园去，在那儿可躲到一个角落，隐藏一夜。那天，我们自己对月而拜，举行了自作主张的婚礼。我们的誓言是田汉先生的话剧《关汉卿》中的台词《双飞蝶》。剧中人关汉卿和他的恋人、号称四姐的珠帘秀，面对可能的死刑，双双唱道：'俺与你发不同青心同热／生不同床死同穴／待来年遍地杜鹃花／看风前汉卿四姐双飞蝶／相永好，不言别！'当然，我们把汉卿、四姐改成'汉雄蒲柳双飞蝶'发誓'相永好，不言别！'……那天，是1962年10月13日。五十年前的今天。这就是我们以今天为金婚日的道理。

当年，我们庄重地含泪说出这六字的誓言，从未想到有如此沉重的代价：蒲柳有夫不能说，默默一人生活，也拒绝过许多同情者和追求者；我在异乡外国过着被乡愁熬煎的日子。不是不想回来，是蒲柳劝我不要回来。她是对的……她甚至劝我忘掉那六个字，说那只是个浪漫的梦，不切实际。可我不能忘。那是我对我的祖国、我的民族、我的家、我的至亲的爱人的许诺！忘掉它，就将失去生命，失去灵魂，失去梦想。哪怕是带血和泪的梦，也会有阳光照醒的清晨！

当噩梦醒来，我回来了！1978年的今天，我们又补办了婚礼。这里就是我和蒲柳两次婚礼的证书：一张是写有'相永好，不言别'誓言的我俩自制的证书；一张是中华人民共和国民政部制作的结婚证。谢谢大家！"

他说完了，大厅里一片沉默，接着响起一片热烈的掌声，甚至还夹杂着抽泣声……忽然有人大声说："王教授呢？"大家一看，原来静静地坐在屋角的王蒲柳不见了。大家不由得惊慌起来，纷纷议论着动身，要去寻找。这时，小护士素芳急急跑进来，气喘吁吁地说："怨我怨我，奶奶上厕所，一转身就不见了……"

大家一起跑出去寻找。远远的，在湖畔，在一片杨树和红枫掩映的小道上，王蒲柳急急忙忙地走着。她那件紫红色的薄呢外衣在秋日的阳光中那么鲜艳。人们喊着："王教授，王教授！"王蒲柳依然快步走着，不回头，也不驻足，仿佛什么也没听见。

这时，李汉雄快步走上前，说道："看风前汉雄蒲柳双飞蝶／相永好，不言别！"那声音不大，抖颤着。王蒲柳却忽然站住，慢慢回过头来，那双依旧美丽的眼睛，放射出分外灿烂的光，紧紧地盯着李汉雄。大家都站住，看着李汉雄一步步走向王蒲柳。接着，李教授轻声唱起来："记得当时年纪小／我爱谈天你爱笑／有一回并肩坐在桃树下／风在林梢鸟在叫／我们不知怎样困觉了／梦里花儿落多少。"

王蒲柳先是呆呆地望着边唱边走近她的李汉雄，接着仿佛记起了什么，眼里闪烁着泪光，脸上涌起幸福的微笑，快步迎上，一下子抱住李汉雄，不住地喃喃着："你回来了，回来了，真好真好！相永好，不言别，不言别！"她把头靠在汉雄肩头，两眼浸满泪水，脸上却飘满灿烂的笑容。人们都悄悄地站着，没人说话，只有轻轻的抽泣声……

"相永好，不言别！"大家都听见了这六个字，这经风雨受磨难，不曾被熄灭的爱情的烛火，是多么美丽，多么强烈、持久……世界上还有什么力量能战胜有这样坚贞爱情传统美德的民族！

余平夫

【附录】

# 本　事

作词：卢冀野
作曲：黄　自

1=C $\frac{3}{4}$

$\overset{\frown}{5\ \ \#4\ \ 5}\ |\ \dot{3}\ \cdot\ 2\ \underline{\dot{1}}\ |\ \overset{\frown}{\dot{1}\ \ 7\ \ 6}\ |\ 6\ \ -\ \ -\ |$
记　　得　当　　时　年　纪　小，

$5\ \ \dot{1}\ \cdot\ \underline{7}\ |\ 7\ \ -\ \ -\ |\ 4\ \overset{\frown}{5\ \ 2}\ |\ 3\ \ -\ \ -\ |$
我　爱　谈　天　　　　你　爱　　笑。

$\overset{\frown}{5\ \ \#4\ \ 5}\ |\ 5\ \overset{\frown}{\dot{3}\ \cdot\ \dot{2}}\ |\ \underline{\dot{1}\ \ \dot{1}}\ \overset{\frown}{7\ \ 6}\ 7\ |\ 6\ \ -\ \ -\ |$
有　一　回　并　肩　坐　在桃　树　下，

$\overset{\frown}{7\ \ 6}\ 7\ |\ \dot{2}\ \cdot\ \overset{\frown}{\underline{\dot{1}}\ 7}\ |\ \overset{\frown}{6\ \ 3}\ \#4\ |\ 5\ \ -\ \ \underline{2\ \ 2}\ |$
风　在　林　梢　鸟　在　　叫。　我　们

$\dot{2}\ \cdot\ \underline{3}\ \underline{4\ \ 4}\ |\ 4\ \ -\ \ 6\ |\ 5\ \ -\ \ -\ |\ 7\ \ -\ \ 6\ |$
不　知　怎样　困　觉　了，　　　　梦　里

$\overset{\frown}{6\ \ 5}\ \cdot\ \underline{2}\ |\ 2\ \ -\ \ 4\ |\ 3\ \ -\ \ -\ \|$
花　儿　落　多　少。

# 理想的风筝

春天又到了。

柳枝染上了嫩绿，在春风里尽情飘摆，舒展着自己的腰身。连翘花举起金黄的小喇叭，向着长天吹奏着生命之歌。而蓝天上，一架架风筝在同白云戏耍，引动无数的人仰望天穹，让自己的心也飞上云端。逢到这时候，我常常不由自主地想起我的刘老师，想起他放入天空的风筝。

刘老师教我们历史课。他个子不高，微微发胖的脸上有一双时常眯起来的慈祥的眼睛，一头花白短发更衬出他的忠厚。他有一条强壮的右腿。而左腿，却从膝以下全部截去，靠一根被用得油亮的圆木拐杖支撑。这条腿何时、为什么截去，我们不知道。只是有一次，他在讲课的时候讲到女娲氏补天造人的传说，笑着对我们说："……女娲氏用手捏泥人捏得累了，便用树枝沾起泥巴向地上甩。甩到地上的泥巴也变成人，只是有的人，由于女娲甩的力量太大了，被摔到地上摔丢了腿和胳膊。我就是那时候被她甩掉了一条腿的。"教室里自然腾起一片笑声，但笑过之后，每个学生的心头都飘起一股酸涩的感情，同时更增加了对刘老师的尊敬。

他只靠着健壮的右腿和一支圆木棍，一天站上好几个小时，为我们讲课。逢到要写板书的时候，他用圆木棍撑地，右腿离地，身体急速地一转，便转向黑板。写完了粗壮的粉笔字，又以拐杖为圆心，再转向讲台。一个年过半百的老师，一天不知要这样跳跃旋转多少次。而他每次的一转，都引起学生们一次激动的心跳。

他的课讲得极好。祖国的历史，使他自豪。讲到历代的民族英雄，他慷慨陈词，常常使我们激动得落泪。而讲到祖国近代史上受屈辱的岁月，他自己又常常哽咽，使我们沉重地低下头去。后来，我考入了历史学系，和刘老师的影响有极大的关系。他不喜欢笔试，却喜欢在课堂上当众提问同学，让学生们述说自己学习的心得。我记得清楚极了：倘若同学回答得正确、深刻，他便静静地伫立在教室一侧，微仰着头，眯起眼睛，细细地听，仿佛在品味一首美妙的乐曲。然后，又好像从沉醉中醒来，长舒一口气，满意地在记分册上写下分数，亲切、大声地说："好！五分！"倘若有的同学回答得不好，他就吃惊地瞪大眼睛，关切地瞧着同学，一边细声说："别紧张，想想，想想，再好好想想。"一边不住地点头，好像那每一次点头都给学生注入一次启发。这时候，他比被考试的学生还要紧张。这情景，已经过去了将近三十年，然而，今天一想起来，依旧那么清晰，那么亲切。

然而，留给我印象最深的，还是刘老师每年春天的放风筝。

北方的冬季漫长而枯燥。当春风吹绿了大地的时候，人们的身心一齐苏醒，一种舒展的快意便浮上心头。当没有大风，而且晴朗的日子，刘老师课余便在校园的操场上，放起他亲手制作的风筝。他的风筝各式各样：有最简单的"屁帘儿"，也有长可丈余的蜈蚣，而最妙的便是三五只黑色的燕子组成的一架风筝。他的腿自然不便于奔跑，然而，他却绝不肯失去亲手把风筝送入蓝天的欢乐。他总是自己手持线拐，让他的孩子或学生远远地擎着风筝。他喊声："起！"便不断抻动

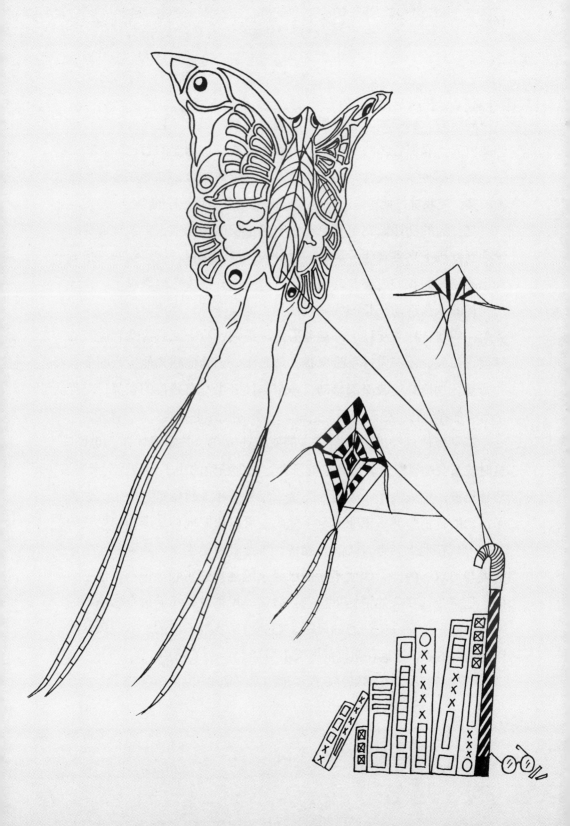

手中的线绳，那纸糊的燕子便抖起翅膀，翩翩起舞，直蹿入云霄。他仰望白云，看那青黑的小燕在风中翱翔盘旋，仿佛他的心也一齐跃上了蓝天。那时候，我常常站在他旁边，看着他的脸，那浮在他脸上甜蜜的笑，使我觉得他不是一位老人，而是一个同我一样的少年。

当一天的功课做完，暮色还没有袭上校园的天空，常常有成群的学生到操场上来参观他放风筝。这时候，他最幸福，笑声朗朗，指着天上的风筝同我们说笑。甚而至于，有一次，他故意地撒脱手，让天上飞舞的纸燕带动长长的线绳和线拐在地上一蹦一跳地向前飞跑。他笑着、叫着，拄着拐杖，蹦跳着去追赶绳端，脸上飘起得意和满足的稚气。那天，他一定过得最幸福、最充实，因为他感到他生命的强壮和力量。这情景使我深深感动。一个年过五十身有残疾的老师，对生活有着那样纯朴、强烈的爱与追求，一个活泼泼的少年又该怎样呢？

不见到他已经近三十年了，倘使他还健在，一定退休了。也许，这时候又会糊风筝，教给自己的子孙，把那精致的手工艺品送上天去。我曾见过一位失去了一条腿的长者，年复一年被断腿钉到床上，失去了活动的自由。我希望他不至于如此，可以依旧地仰仗那功德无量的圆木棍，在地上奔走，跳跃，旋转，永远表现他生命的顽强和对生活的爱与追求。然而，倘使不幸他已经永远地离开了我……不，他不会的。他将永远在我的记忆里行走、微笑，用那双写了无数个粉笔字的手，放起一架又一架理想的风筝。那些给了我数不清的幻梦的风筝将陪伴着我的心，永远在祖国的蓝天上滑翔。

刘老师啊，你在哪里？我深深地、深深地思念你……

苏叔阳

# 容　止

这个故事，是一位曾在天津南开中学担任学生会主席的先生讲的。

有一天，学生会召集会议，康校长应邀出席。会议结束之后，她喊住了学生会主席。她问那个男生："知道为什么留下你吗？"男生惶惑地摇头——刚才，他在大会上有一番出色的演讲，莫非，校长是要表扬他卓异的口才？康校长严肃地告诉他说："孩子，刚才我坐在你旁边，我观察到你有个不自觉的小动作——抖腿。显然，你不是因为紧张而发颤，而是下意识地在抖腿。你知道吗？这个小动作非常不雅，非常有损你的风度。所以，我提醒你从今天起要努力改掉这毛病。"

后来，学生会主席考取了外国语大学，毕业后成为了一名涉外工作人员。南开中学校庆的时候，风度翩翩的他回到了母校。他在跟学弟学妹们分享自己成长经历的时候，深情地讲起了康校长当年对他的提醒。他说："在康校长提醒之前，我从来没有意识到自己有抖腿的毛病；即便意识到了，也感觉不到抖腿有什么不雅。说真的，当时我还觉得康校长那么郑重其事地跟我谈这个问题有点小题大做。但是，在我改掉这个毛病之后，当我在大庭广众之下看到有人公然开启身体的'震动模式'，我心里就感觉非常不舒服。可以说，抖腿者身上散发出的那种痞气、流气、轻浮气，令每一个观者侧目。直到那时，我才真正明白了'不雅'的确切含义。抖腿不是讲粗话，不是随地吐痰，但和讲粗话、随地吐痰一样，是一种教养欠缺的表现。后来，我听说民间有句俗语，叫'男抖穷，女抖贱'，还有句话叫'人抖福薄'。这些说法显然是没有科学依据的，你或许会觉得它们十分荒唐可笑；但是，老百姓对抖腿这毛病的深恶痛绝却由此可见一斑。再后来呢，我读到了梁实秋先生的一篇散文，题目是《旁若无人》。先生用漫画般的笔法描写了在电影院看电影时与抖腿者邻座的气愤与无奈。我边读边出汗，仿佛被先生无情唾骂的那个令人生厌的家伙就是我本人……我特别庆幸自己曾是南开中学的一员，这里的'容止格言'我一生都不敢忘怀：'气象：勿傲、勿暴、勿怠；颜色：宜和、宜静、宜庄。'我想，康校长就是苦心塑造我'容止'的人啊！她以自己的慧眼，发现了我身上'不庄'的毛病；她以自己的慧心，提醒我改掉这毛病。我是多么幸运，我们是多么幸运，在青春成长的路上，我们被引领着，幸福地会晤到了那个未知的可爱自我……"

　　——真教育，是不放过花叶上针尖大的虫眼。因为热爱春天，所以热衷提醒。真教育的使命，乃是让人变得更好，让世界变得更好。

张丽钧

# 最高明的教育

陶行知是当代中国著名的教育家。

无痕教育是最高明的教育。你听说过用糖果来奖励、教育犯错的学生吗？

陶行知先生在担任一所小学的校长时，看到男生王友用泥块砸班上的同学时，当即制止了他，并要他放学后到校长室去。可当陶校长处理完事务回到办公室时，王友已经等在那里了。

王友惴惴不安地站着，等着挨训。这时，陶行知却掏出一块糖果送给他，慈祥地说："这是奖给你的，因为你按时来了，而我却迟到了。"王友低着头，吃惊地接过糖果。

接着，陶行知又掏出第二块糖果放到他的手里，微笑着说："这块糖也是奖给你的，因为当我不让你再打人时，你立刻就住手了，这说明你很懂道理，很尊重我。"王友更吃惊了，眼睛睁得大大的。

接着，陶行知又掏出第三块糖果塞到王友手里，严肃地说："我调查过了，你用泥块砸那些男生，是因为他们不守游戏规则，欺负女生。你砸他们，说明你很正直善良，有跟坏人作斗争的勇气！"

王友感动极了，他流着泪后悔地说："陶……陶校长，你……你打我两下吧！我错了，我砸的不是坏人，而是自己的同学呀！"

陶行知满意地笑了，深情地说："你能正确地认识错误，我再奖给你一块糖果，可惜我也只剩这一块了。我的糖完了，我看我们的谈话也该结束了吧！"

怀揣糖果离开校长室的王友激动得心潮起伏。

多么精彩的教育艺术呀：

看到学生犯错，不当众呵斥、批评，为的是保护学生的自尊心；

对犯错的学生不全盘否定，而是从他身上寻找"闪光点"；

对学生犯错的原因，进行认真的调查了解，避免误解学生；

针对学生的心理和年龄特点，采用表扬和奖励的手段，并启发学生进行自我批评。

这是多高明的教育啊！

孙君琪

# 光明的使者

　　1966 年，任影出生于安徽省阜阳市临泉县。她聪明活泼，勤学上进，发展全面，又乐于帮助同学，有着"二先生"的美名。1984 年，她考取了安徽省重点中学阜阳一中，那年考上一中的仅有三个女生！

　　1986 年，她突然患上了类风湿性关节炎病，久治不愈，病情反而越加严重。当年秋季，她无奈地休学在家疗病。1987 年秋，她坚持复学，准备参加高考。1988 年和 1989 年，她强忍着关节针刺般的疼痛，两次参加高考，成绩均达到分数线，但因她下身瘫痪，四肢僵直，难以正常入学，大学之梦终成泡影。

　　任影一时陷入难解的痛苦之中。她想，自己不能尽孝，反而成了父母的累赘；如此沉重的疾病，让她失去了一切为社会做贡献的机会。悲观的她曾两次自尽，均被父母及时发现，抢救过来。父亲含泪说："我跟你妈别无他求，只求你能陪我们活着！"父亲的呼唤，使她突然明白了一个道理：生命，原来并不仅仅属于自己，活着也是一种责任。

　　一本《假如给我三天光明》给了任影巨大的启示。作者海伦·凯勒在十九个月大时因病导致失去了听力、视力和语言表达能力。但她努力学习，热爱生活，竟然成为一名著名的作家和教育家，为盲人的福利和教育事业奋斗了一生。任影心灵的迷雾渐渐消散，青春和爱的活力有如春草萌发生长。国家对残疾人士的优惠政策，更使她有了人生的落脚点，她决心以自强不息的坚韧度过人生，服务社会！

　　她开始给媒体投稿。她真挚的作品感动了读者，也鼓舞了自己。她又报考了社区医学专科，并在 1999 年拿到了医学专业的证书。她在家中自学并义务辅导留守儿童。看到那些八九岁还未入学的孩子，她的心灵被触动了。任影要办一个学前班！在家人的支持下，很快就建起了两间砖瓦房（第一届学生毕业后，又增盖了两间）。她的办学工程启动了。

她的手不能伸长，就发明了加长粉笔，使自己可以书写板书。她的奉献精神和教学成绩，使第一个学前班的二十四个孩子和家长对她肃然起敬！任庄希望小学，是任影生命的希望和火炬。她光明的心灵，照亮了家乡，任庄希望小学的入学率猛增。她于是向亲友借贷了十几万元，建起了一座共有三层，六个教室的教学楼。历尽坎坷的她，用柔弱的双肩扛起了发展家乡教育事业的重任！

她曾一口拒绝亲友为了减免税费向她借用残疾证，彰显了坚持原则的人格和正直秉性。她孝敬父母，热爱学生。她的精神和办学成绩得到教育部门的充分肯定。2003 年 4 月，她获得了民办学校的办学许可证。

家乡的父老乡亲给她公允的评价，他们说：任影校长具有真爱、真诚和真心。她真心办好希望小学，真诚对待老师，真爱着她的学生。严把安全和教学质量关的任庄希望小学远近闻名，曾经退学的学生大都又回来了，而且还转来一些新学生。

但任影并不满足，而是重塑自我。2001 年，她报名参加了安徽师范大学小学管理专业的全国自学考试，开始了新的征程，并终于在2006 年圆了自己的大学梦。她刻苦学习电脑，用学到的全新的教学观念，因材施教，寓教于乐，培养孩子们的学习兴趣和习惯，实施启发式教育，获得了成功。

她的教学真经是感化和启发学生，对后进生施以爱心、耐心、细心和恒心。为了培养每个学生健全的人格，她从点滴抓起，认真启发。

她认为："情生于意，意存于心。"真可谓：春风化雨，润物无声。"学会做人，学会学习，学会独立，学会合作，学会关爱，学会感恩"，这是任影为她担任校长的城关镇希望小学立下的校训。

课堂是师生，课下是朋友，这是又一个特征。2009 年 5 月"母亲节"时，任影收到了四年级全体同学送给她的一个小瓶子，内装三十八个小纸卷，卷卷文字皆十分感人，其中一个共同的句子是——"任影，您是我们的母亲"！

在乡村教育事业的道路上，任影不是病残者，而是一位光明的使者，她一路播散文明和希望的种子，开辟人生亮丽的风景。自强不息是她的精神；爱的呼唤使她重塑人生；爱的奉献使她坐拥春风！

曹国炳

# 纤尘不染的字

批阅期中考试试卷的时候，我对各题的正误率做了一个统计。结果发现，连我辛辛苦苦"赌"住的题都被一些粗心的学生答错了。最让我不能容忍的是，一个叫洁的女生居然把我在临考前半个钟头刚讲过的一道文学常识题都答错了。

我心酸地站在讲台上，检讨我自己。我说：一定是我没能耐，连这么简单的东西都教不会大家，我十分愧疚，十分自责。

教室里一片叹气声。看得出，他们也很愧疚，也很自责。洁一定是被我的目光盯得不自在了，终于红着脸孔站起来，说：老师，其实，我会做那道文学常识题，我……我是故意做错的。她的话音刚落，教室里立刻骚动起来。大家义愤填膺地冲她嚷嚷，尤其是那些因真正不会而丢了分的同学，仿佛摇身一变顿时成了功臣。我强压着心头的怒火，对那个荒唐透顶的洁说："大义灭分"——你好伟大啊！那，我问你，你敢不敢当着全体同学的面，把你故意做错题的理由说一说？

洁低着头，说道：昨天考数学的时候，有两道选择题我拿不准，答题卡上的两个空就一直空着。考试临近结束的时候，数学科代表交了卷子。我的座位就在讲台旁边，我知道我稍一抬眼就可以看见他的答案。我极力克制着，告诉自己说那样做是可耻的。但是，我还是没能战胜自己。我偷看了他的答题卡。考试一结束，数学老师就在后黑板上贴出了标准答案。我一看，我"参考"数学科代表答案的那两道题全对了。可我却高兴不起来。两道题一共六分——我偷了人家六分呀！昨天夜里，我失眠了。我管自己叫贼，肮脏的贼，可耻的贼。我想跟数学老师说出实情，可又没有这个勇气。最后，我终于决定用在语文考试中故意丢掉最有把握的六分题的办法，来弥补我的过失……

整个教室鸦雀无声。

我带头击了一下掌。登时，教室里响起了热烈的掌声。脸孔红红的洁在大家的掌声中轻松地坐下，有几分得意地望着我。我在心里悄悄给这女孩的"品行"打着高分，并由衷感谢她给我这个有些刻薄有些狭隘的老师上了精彩一课。我想，我和这一个班的学生，一辈子都不会忘掉，一个叫洁的女孩是怎样用实际行动勇敢地捍卫了她姓名中那个纤尘不染的字。

张丽钧

# 一首小诗

那是一次高考模拟测试，我照例充任主考官。坐在一张课桌前，百无聊赖地低头看桌面上学生们信手涂抹的杂乱无章的字迹。我先看到了一些当红影星、歌星、球星们的名字，接着又看到了一些诸如"酷"、"哇噻"、"去死吧"等中学生们常用的流行语。在这堆烂字中间，我发现了些娟秀清丽的小字。仔细瞧瞧，竟是一首小诗。在飞沙走石的文字"风暴"里，那首小诗非常巧妙地隐匿了自己，又十分执著地披露了自己："我爱你／可是我不敢说／我怕说了／我马上就会死去／我不怕死／我怕我死了／再没有人像我一样爱你。"

写得真不赖。我在心里说。作者是谁呢？总不会是我班里的学生吧？平素让他们写作文，搜肠刮肚也写不出几个像样的句子，怎么一写"我爱你"，就能把中国话说得这么地道！

弟子们上大学后的第一个寒假，又相约重聚到我身边。大家不再像从前那样拘谨，竟然公然品评我的发式和服装了。谈及往事，同学们个个激动不已。当初悬在我脑子里的许多问号全被他们叽叽喳喳地抻成了感叹号。突然，我想起了那首小诗，我说："那天，我在咱班一张课桌上读到一首小诗。诗中写道：'我爱你……'"

"可是我不敢说，"同学们居然齐声背诵起来，"我怕说了／我马上就会死去／我不怕死／我怕我死了／再没有人像我一样爱你。"

"哇噻！"我叫了起来，"让你们背一首《茅屋为秋风所破歌》，你们死活背不下来，情诗却背得这么好！——作者是谁呀？"

同学们笑了。有个同学说："我们也不知道作者是谁，但我们都挺喜欢这首诗的。抄它背它的时候，觉得特神圣，特壮烈。也没费多大的劲，就刻在脑子里了。"

——我听得呆了。我在想，作为一名教育工作者，我是不是有责任把那种"特神圣，特壮烈"的诗从桌面上拯救出来……

张丽钧

# 这个星球有你

　　彭先生打来电话，邀我去西部教师培训会上讲座。尽管与彭先生仅有一面之交，但我还是愉快地应允了。

　　撂了电话，翻一下工作安排，发现居然与一个会议撞车了。连忙打电话向操持会议的人请假。对方沉吟了片刻，半开玩笑地扔过来一句："去走穴？"问得人火往头上拱，又不便发作，赔着笑说："跟商业不沾边。组织者提供交通、食宿费用，不安排旅游。我的讲座是零报酬。"对方听了，用洞悉一切的口吻说："哦？零报酬？那不是他们太不仗义就是你太仗义了吧？——来这个会还是去那个会，你自己掂对吧。"

　　我好难"掂对"！

　　我跟自己说："何苦来？背着一口黑锅去搞什么鬼讲座！"可是，答应了的事又怎好反悔？我需要寻觅一个推掉讲座的充分理由。

　　我上网搜索彭先生的背景材料。

　　彭先生本是名牌大学的高材生，毕业后到天津市某家知名软件公司做软件企划。朝阳的年纪，做着一份朝阳的工作，惹来许多人艳羡。但是，突然有一天，他毅然决然地辞去工作，做了一名自愿"流放"西部的IT人。

　　促使彭先生下决心去西部的，是一对苦难的母女。

　　冬季的傍晚，彭先生从公司下班回家，发现自行车的车胎没气了，便把车推到一个修车摊去修理。三九天气，刀子风刮得人脸生疼。为他补胎的是一个进城打工的女人。女人身边，是她五六岁的女儿。小女孩渴了，一直缠着妈妈要水喝。但妈妈忙着锉胎、涂胶，腾不出手来给女儿弄水。小女孩见妈妈实在顾不上自己，便趴在试漏的水盆前，小声地问妈妈："妈妈，这盆里的水能喝吗？"没等妈妈回答，渴极了的小女孩居然把头伸向了那飘着浮冰的脏水盆……这一切发生得那么突然，彭先生的心被揪疼了。他赶忙跑到最近的一家商店，买了几瓶牛奶，以最快的速度跑回来交到小女孩手中……

第二天上班后，整个上午，彭先生全身都在发抖。他事后说："在离我们公司不到五百米远的地方，竟有如此苦难的事情发生！而我却坐在有空调、有暖气的办公室里……这件事是一个导火索，它把我几年来想好的事情一下子提前了；或者说，好比是一个朋友打来电话，让我赶紧去做更应该做的事。我再不能等下去了！"

他于是去了甘肃省那个叫黄羊川的地方。义务支教，分文不取。

当他坐在一户姓王人家的炕头，吃着读到四年级就因贫困而辍学的女孩烤的土豆时，他哭了。

当他在另一户人家，听到一个做了母亲的人说因为没念完书而一直后悔着、怨恨着时，他哭了。

通过努力，他让黄羊川的中学生每周吃上了一次肉。

通过努力，他让黄羊川连上了互联网并拥有了自己的网页。

因为看到了这样一个事实：越穷越不重视教育，越不重视教育越穷。他决心用教育拯救这片土地……

在他的影响下，他的一位在中央气象局工作的同学毅然辞职，来到黄羊川，做了一名长期固定教师。

……

我原本寻觅疏离缘由的心，此刻却被亲近的热望塞得满满的。在这些故事面前，一口"黑锅"显得多么微不足道！被误解的痛，幻化

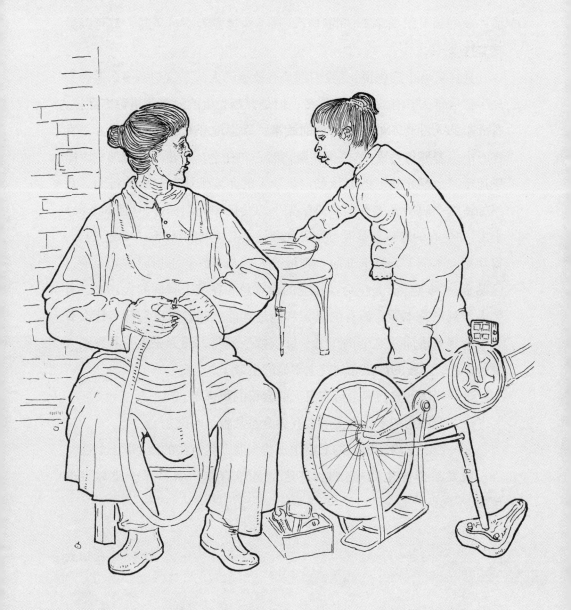

成一条细到可以忽略不计的蛛丝，随手抹掉或者交付风儿，都可以微笑着接受。

孙红雷有个广告说："我们都是有故事的人。"这句话多么适合彭先生！这年头，有故事的人很多；但是，彭先生的故事却堪称高品位。有故事的人没有四处张扬自己的故事，幸运地分享了这故事的人一直在心中说着那句古语："虽不能至，然心向往之。"我不知道那些津津乐道于"血酬定律"的人该如何从学术的角度解读彭先生的行为，我不知道哪个聪明人能有本事为彭先生的发抖和流泪标价。《博弈圣经》上说："生存的游戏就是利己主义和利他主义之间的博弈。"利己的人，喜欢用"本能"为自己开脱；利他的人，却不好意思用"本能"给自己贴金。"本能"，是生命所接受的教育总和在某个瞬间的大暴露。有的人，利己是本能；而有的人，利他是本能。这就可以解释为什么有人一听到"讲座"这个词，第一反应就是酬劳，而彭先生一看到别人受苦挣扎，拯救的欲望立刻就主宰他的生命了。

——我决意充当那个可有可无的会议的叛逃者。

——我决意把多年淘得的教育真金悉数献给西部。

——我决意将新出版的书赠予那些与我今生有约的西部同行。

我发给彭先生的短信是："这个星球有你，我多了一重微笑的理由。"

张丽钧

# 孩子是我生命的延续

　　他有四十多年的教学经验，退休后依然不忘关爱下一代的教育，把大量精力和心血投注在青少年健康成长的教育事业上，他就是2010年"莱州市十佳爱心人物"之一——莱州市驿道镇退休教师方明佳。

　　关于退休后为何致力于关心下一代教育工作，方明佳说出了自己的心声："我教学四十多年，每当看到一群学生走进校门，心里就特别地高兴，慢慢的，心中便有了退休后依然坚持走关心下一代教育事业道路的决心。其目的就是希望让家乡的孩子们多学点知识，长点本领，以后多为国家做贡献。"

　　方明佳说，退休后，他看到农村学生家长由于家里农活比较多或长期外出打工，孩子放学后、双休日和假期里，家长没时间和精力去照顾，不仅造成监护和教育的空白，也耽误了孩子的学习和前程。因此，他看在眼里，急在心上，并主动当起了义务接送员。

　　方明佳说，每天早晨，他都会主动到一些家长没时间照看学生的家里去接孩子，并把他们送上车去学校；下午放学前，他会提前半个小时在孩子下车的地方等候，然后再将孩子们一个一个地送回家。"有时候还会遇到孩子放学后，家长还没回家或者家长太忙无暇照顾孩子的情况，我就会把孩子接到自己家里，给他们讲故事，辅导功课，检查作业等等。"

　　如果天气不好，您还会像往常一样坚持接送孩子吗？面对这样的问题，方明佳很坦白地笑了。他说，家里的老伴儿也经常劝他，让他别管了。但他认为，为孩子做点事儿，很开心，也觉得值得。因此，无论刮风还是雨雪，他依然坚持接送孩子的使命，让孩子平安快乐地上学。

"为了能够给孩子们提供更多的学习机会和学习内容，我又联系了同村和邻村的十几名老干部捐钱买书，并且还向村委会借了两间房子，专门为孩子们提供看书、借书以及辅导、讲解的书屋。"方明佳高兴地说。当时，村里为了给孩子们营造学习的氛围，花了三千六百多元买书，并且村里人还捐了一百多本书。

在辅导的过程中，有没有调皮的孩子让您煞费苦心呢？方明佳说："我带的这些孩子大部分都很听话，偶尔有几个调皮的，但好生教育后，孩子们都认真地改正了。让我印象最深刻的是，村里有个单亲家庭的孩子，性格比较倔强孤僻，由于贪恋网络，又没有什么零花钱，小小年纪竟学会了偷盗，村里的孩子都非常讨厌他。我知道这件事后，多次跟他进行思想交流，在生活上多给他一些关爱。"方明佳说，经过多次思想沟通和辅导，这个孩子不但改掉了身上的恶习，见人有礼貌，在学习上也非常刻苦，成绩突飞猛进，不但得到老师和村民的夸赞，孩子的母亲也为他的改变而欣慰。

方明佳已过古稀之年，看着身边的孩子能够健康快乐地成长，他觉得很幸福，也很快乐。他说，孩子是我生命的延续，陪着他们成长是全社会的责任，虽然我已经老了，但也喜欢陪着孩子，也希望其他退休老人能跟我一样护着孩子，让孩子健康快乐地成长。

史欢欢

# 一把小红伞

　　师大礼堂里传出阵阵掌声，这里正在举行见义勇为表彰大会。中文系大二学生李想因暑假期间勇救两名落水儿童而获得表彰。小伙子中等身材，穿着整洁，清秀的脸庞上闪动着一双明亮的眼睛。他的获奖感言朴实无华，也没有什么豪言壮语，但在场的师生却被他娓娓道来的一段儿时故事所打动：

　　我不是什么模范和英雄，见义勇为是我们每个90后大学生应该做的事情。因为在我无助的时候也有人帮助过我，令我终生难忘。念初中时，我迷恋上网、打游戏，染上了网瘾，一玩就是昏天黑地，学习成绩在一天天下降。为此，老师经常找我谈话，气得父母把电脑都卖了。还有一个学期就该考高中了，爸妈怎么能不上火着急呢？我自知不对，也按照爸爸的要求写了半年内不再碰电脑的保证书，但却控制不住自己。网络游戏就像一条条小虫子在我的脑子里爬来爬去，控制着我的灵魂和躯体，我掉进了网里不能自拔。

　　我清楚地记得，那是个秋天的周末。刚刚吃完晚饭，趁爸妈不注意，我溜出家门，带上前两天饿着肚子省下的早点钱冲进了一家网吧。这个网吧离家远，家长不易找到。我喜欢这里网速快、玩得爽，更重要的是，这家网吧的老板对我们小孩睁一只眼闭一只眼不管。我选择了一个角落的空位，熟练地打开电脑，进入界面，迫不及待地投入了久别的战斗。本来想玩两把过过瘾，八点多就回家。也许由于好几天没摸电脑了，积蓄了能量，使我一路打打杀杀，攻城略地，过关斩将。积分在不停地上涨，时钟也在不停地转动。而处于高度兴奋状态的我却毫无察觉。忽然有人喊了声"下雨了"，接着窗外的闪电和雷鸣才把我从电脑屏幕前惊醒。

坏了！网吧墙上的时钟已经指着零点十分。怎么办？爸妈一定急坏了！回去我又怎么交代呀？我不顾一切地冲出了网吧，冲进了秋夜的暴雨之中。我气喘吁吁地跑了半站多路，在一个时装店门前停了下来，实在跑不动了，只想找个屋檐避避雨，喘口气。这是一场瓢泼大雨。雨柱在地面上砸出一个个白色的水泡。街面上看不见一辆汽车、一个行人。大雨在冲洗着整个城市。我浑身发冷，双手发抖，已被浇成了落汤鸡！橱窗里的模特美女似乎在看我的笑话，没人同情我。闪电不时划破夜空，滚动的雷声好像就在头顶，吓得我紧贴着橱窗玻璃，恨不能挤进去！

就在我最无助的时刻，一把小红伞撑在了我的头顶，耳边传来了一个好听的声音："小弟弟，你怎么站在这里？"我抬起头，看见为我撑伞的是一个二十多岁的大姐姐。"我，我……"我抖着嘴唇说不出话来。她看到我很冷，急忙从挎包里掏出一件白大褂披在我身上。我一下子就暖和了许多，心里一股热流，眼泪就滚了出来。我低着头："谢，谢谢……"她接着问我："出门没带伞，回不了家了吧？"我边擦眼泪边点头。她掏出手绢帮我擦干了脸上的眼泪和雨水，突然问："你是不是刚从网吧出来？"我一怔，惊讶地问："你怎么知道的？"她看着我笑了："我就在网吧对面的妇产医院工作，正赶上有一台大手术现在才忙完，一出门就看到你在雨里跑，叫你也听不见。这么大的雨你会淋病的！"

我不知道说什么好，只是张着嘴傻傻地看着她。这时，我才看清楚，她是个漂亮的姐姐，细细的眉毛，一头短发，笑起来还有两个酒窝，跟妈妈的一样。她看到我不知所措的样子，急忙问："快告诉我，你家住哪儿？我送你回去。"我非常感激地说："谢谢姐姐，我家向西走还有三站路呢，我自己能走，不麻烦您了。"她不由分说，一手撑起小红伞，一手搂住我的肩膀："走！我也回家，往西走顺路，跟你做个伴不欢迎吗？"听她这么说，我真是太高兴了，还以为她一个人走路害怕呢。"做伴应该的，我是男生嘛。"这句话却把她逗乐了："你还男子汉呐？没看看你是多大个人？就知道玩游戏，深更半夜你们家大人不着急吗？"

雨夜中，她紧紧地搂着我，深一脚浅一脚地向家的方向迈进。她还夸我有正义感，在网络游戏中一直扮演勇士跟魔鬼斗争。不过，染上网瘾就像魔鬼附体。这网瘾就是个大魔鬼，必须打败它才能成为真正的勇士。一路上，我们说了很多，她的话我都爱听。

快到家的时候，雨已经小了，可是她把小红伞一直举在我的头顶，结果自己的半个身子都淋湿了。我赶紧把披在身上的白大褂脱下来叫她穿上。我依依不舍地说："你真好！能做我的姐姐吗？"她笑着望着我："现在不行，因为你还有魔鬼缠身。什么时候戒掉网瘾，考上重点高中，我就认你这个弟弟。"我非常认真地举起右手："说话算数？"她同样认真地举起了右手与我击掌约定。

我们俩在笑声中告别。她转身离去，我站在小区门口使劲挥动手臂喊着："姐姐，再见！"突然，我发现，怎么她向东走去？怎么她不是顺路？原来，她的家在相反的方向！原来她全是为了我……望着远去的白衣天使和那把小红伞，我的眼睛又湿润了！我的心灵再次被捶打着。都怪我，我不是个真正的勇士，不是个男子汉！

经过半个学期的努力，我终于戒掉了网瘾，考上了市重点高中。拿到录取通知书的那天，我跑到妇产医院。走进大厅，我在光荣榜上看到了姐姐的照片，她是拥有五颗金星的优秀医生，名字叫王兰。从此，我就成了她认可的弟弟，成了她的跟屁虫……

可是，我没能保护好姐姐，没能为她撑起一把保护伞。一年前，她作为志愿者，参加了援藏医疗队，在墨脱为抢救一位难产孕妇做了七个小时手术，最终母子平安。而她却在回来的山路上遇到塌方，不幸牺牲！我再也听不到她的声音，再也看不到她那带着酒窝的笑容……

这时，李想撑开了一把小红伞，高高地举过头顶："这是姐姐留给我的遗物，我接受了这份遗产！"他已经泪流满面，泣不成声！

停顿了片刻，礼堂里爆发出雷鸣般的掌声。此后，人们发现，每当下雨的日子，校园里多了许多小红伞。

张泽宇

# 好老师是一盏灯

老师的儿子考上了大学，开学走时，我让他提前从乡下上来，在我家住了一夜。孩子落落大方，彬彬有礼，让人喜欢。妻子自然用心款待。晚饭后，一家人听他不卑不亢地讲老家的事，包括老师和师母，觉得格外亲切，也特别欣慰。出乎我们意料的是，给他备了一些零用钱，却无论如何送不到他手中，那种从容的训练有素的拒绝方式，让我看到了当年的老师。

老师名叫刘富荣，是我初三的班主任。毕业时，每位同学交了两角钱，给每一位任课老师买了一个洋瓷盆子，但给刘老师的却无法送到他手中。他知道我们要送礼物，一直不开宿舍门。直到另一位老师在窗外对他说，富荣，马上要毕业典礼了，学生们都在等你呢，老师才开了门，但却提了一个条件，说你们稍稍等我一会儿，我会接受你们的礼物的，然后就跑步出去了。回来时，我们已经排队准备前往操场参加毕业典礼了。老师气喘吁吁地站在我们面前，右手提着一大摞毕业证，左手攥着一叠两角面值的新钱说，同学们的礼物我收下，但是这两角钱你们必须收下。我们当然不能收这两角钱。不想，老师拿出了杀手锏，好，你们不收这两角钱，我就不发毕业证。大家只好抹着眼泪把那两角钱收下了。

随着岁月的流逝，这些细节在心中的分量越来越重，每每想起就一阵心疼。

在我的印象中，老师没有批评过哪个学生，但学生都十分尊敬他，也怕他。班里有几个捣蛋的学生，别的老师上课时，老是不安生，但在老师的课上却是乖孩子。记得有次我课上打盹，被老师叫起来，紧张坏了，不想老师却无比和蔼地说，昨晚没睡好？我惭愧地点了点头。老师笑了笑说，背哪一篇？我说，《岳阳楼记》吧。这就是老师，在他的数学课上，学生开小差或者打瞌睡，处罚方式却是让站起来背一段古文。

这天的数学课上，班长让大家自习，说老师回家做新郎官去了！教室里一下子炸开了！谁想就在这时，老师却从门外进来了，头上身上都在冒汗，像是刚从蒸笼里出来的。再看脚上的军用鞋，都湿透了。老师显然有些害羞，笑着看了大家一眼，转身在黑板上写课题。有同学指着老师的后背悄悄说什么。再看，就发现老师的旧上衣下摆处露出一截新衣服边儿，如果不是抻着身子写字，是看不出来的。写完课题，老师转过身来，正对上大家急收兵的目光，有些不好意思地看了大家一会儿，向下抻了抻衣角，笑了笑，说，咱们开始上课。说来大家可能不会相信，老师教了我们两年，居然没有换过外衣。常常周六晚上把衣服洗了，晾干，周一再穿。今天终于添了一件，当然很让我们开心。

送走我们后，老师调到县教师进修学校任教。可是不到两年，他就坚决要求调回平峰中学，在那里过着且耕且教的生活。周六、周天回家种地，周一至周五教学。由此可以证实，老师新婚之夜让师娘独守空房，夜行百里来给我们上课，绝对不是因为他和师娘的感情不好，而是不愿意耽误一堂课。

后来，我又听说，到了平峰中学后，老师在不停地变换着角色，语文老师紧张他教语文，数学老师紧张他教数学，化学老师紧张他教化学，政治老师紧张他教政治，美术老师紧张他教美术，全听学校安排。让人觉得老师不但崇高，而且有些神奇了。

2007 年，我侥幸获得第四届鲁迅文学奖。从绍兴领奖回来，就回家看望老人，接着到老师任教的平峰中学看望老师。

不到二十平米的房间里，一边是办公桌，一边是床，一边是灶，一边堆着炭，门后立着一辆破旧的自行车，轮胎上沾满了泥。这么一个仅可容身的小房子，既是他的办公室，又是卧室，又是厨房。如果换了我，如果学生到来，会多少感到局促，但老师却是一脸的快乐，这是我从他的目光深处读到的。

过了一会儿，老师把抽屉拉开，说，文斌你看你写给我的信我都珍藏着呢。

厚厚的一叠信在老师手中错落开来，那是我在人生的不同阶段写给老师的信。既有在邮局买的信封，也有印着不同单位名称的公用信封，散发着岁月的气息。

真是无法描述当时心中的感受。

早知道老师会如此精心地收藏这些信件，平时应该多写一些才对。

就在我写下这些文字的时候，听说老师带的学生考了市上第一名，学校要奖给他几千元，他同样婉谢了。他说，作为一名老师，带好学生是自己的本分，还拿什么奖金呢。

我不知道现在同学们毕业时给他送的是什么礼物，也不知道他是否还像过去那样给每位同学发钱，但那张两角面值的人民币，一直伴随着我，护身符一般，陪我走过一站站人生旅程，每当自己心里有苦，有怨，有屈，有风，就掏出来看看，心就会一下子定下来。

　　　　　　　　　　　　　　　　　　　　　　　　郭文斌

# 高尚的老人

他静静地走了，飞升到祖国纯净的天宇。

他九十三岁了，化作一颗星辰，融入那万千的璀璨之中。

他叫白芳礼，一个平凡的名字，一面高贵的旌旗。

他生前没有获得一面奖牌，一纸颂文，死后也没有获得这一切。

他如同一颗沙粒，铺垫在祖国有血有肉的大地。

他的年纪正应该享受全社会的供养，

他却用自己艰辛的劳动把那些贫穷的学子抚育。

七十四岁那年，他开始用蹬三轮车挣来的钱补助贫困学生。

道路记住了他，阳光和月色记住了他，还有四季的景致和风雨。

手写的史册或许会把他忽略，但他的名字会在心灵中代代传扬。

二十年的岁月，他脚踏三轮车，挣下三十五万元，全部捐给了天津多所大中小学。

三百多学子得到他的资助。

那些年轻的眼睛，用点点泪光浇筑起一座丰碑。

这座非金石的纪念碑，在民族美德的山峰将长久地默默地矗立。

那个冬天，他把饭盒里的最后一笔五百元收入交给一所学校。

老人说："我干不动了，以后可能不能再捐了，这是我最后的一笔钱。"

他朴实的话，勾起师生们一阵滚烫的泪雨。

请记住这张照片，请在这遗像前低下年轻或者年老的头，沉默不语。

因为要说的话太多而沉默，因为要思索的问题太纠结而无语。

为什么一个平凡又贫穷的老人永远活在人们心里，成为高贵的象征。

为什么想起他，就有了希望和前行的动力。

一切自以为高人一等的"贵人"，请在这里悄悄悔过。

即令只是有一丝惭愧，也是难得的走向光明的契机。

我们因为他而感动，而自豪，而自责，而追慕崇高，而完善应当完善的。

我们有太多的理由因他而歌，也有太多的理由而含泪无语……

余平夫

编者按：九十三岁的老人走了，没有哀乐，没有告别仪式，更没有堂皇的悼词和庄严的下半旗致敬。人们已经习惯了将真正的高贵与卑微颠倒。渐渐地把平凡而伟大看作无能，将贪婪和攫取视为尊贵。但是五千年文明的大树还扎根在民众之中。白芳礼身后一定会有无数心灵的点点烛火为他高贵的灵魂致敬和祈福。他辛劳的汗滴所滋养的幼树，总会长成丛林。总有一天在这林中，会生长出一座纪念碑，纪念在喧嚣浮躁的缺乏公平的世风中，一位以生命捍卫文明和道义的老人。那些尚有耻辱之心的"权贵"，在这里忏悔吧！

# 凝固的微笑

一早他就从床上爬起来，蹒跚着走进浴室，细细地洗了脸，修了面，又涂了发乳，把那已经稀疏的头发，梳得规规矩矩。他脱下病号服，穿上一件洁白的衬衣。挺括的领子、袖口，透出一股高贵气。他系上一条暗格子的蓝领带，穿上那套极合身的灰西装，又对着镜子拔去鬓角的一根白发。镜子里映出一位蛮有风度的半大老头儿。

他轻轻叹口气，或许感喟自己韶华已过，或许对经过整饬的自己还算满意。不管怎么说，这身行头让他比病鬼强得多。

护士来了，脸上显得格外庄严。她看看他，满意地点点头，挽起他的胳膊，把他扶到轮椅上。

轮椅在病房寂静的走廊里无声地滚动。他们都不说话，都在想心事，都在琢磨该怎么开始马上就要到来的会面。

轮椅从电梯里降到一楼，又沿着走廊滑到一间小小的病房门口停住。

他猛地站起来，推开护士的手，竭力让抖颤的双腿站稳。停了一会儿，深呼吸一下，接着像一个健康人一样挺着胸，迈开腿，推门走进去，把一脸讨人喜欢的带点儿狡黠的笑扔向病床。

病床上躺着一个头发快要脱光的十三四岁的小女孩儿，她的鼻孔

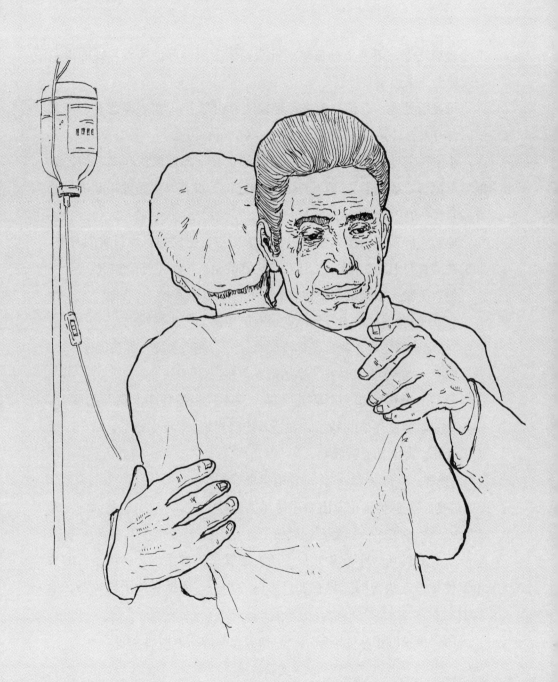

里插着氧气管，手背上插着输液针头，闭着眼静静地待着。她的母亲悲戚地坐在床边望着她。

母亲看见他，急忙站起来，轻轻地惊叫一声："您？是您……"又忙回身对女儿轻声说："丹丹，丹丹，看，谁来了？"

小女孩儿睁开眼睛，有点儿散神的目光，忽地聚拢起来，脸上陡地浮上惊喜，喃喃着："真……真的是您？"说着，吃力地抬起那只没有插着针头的手。

他努力向前迈一步，笑着坐在她的床边，抓住那只惨白瘦削的手，那手抖动着向上伸。"让……让我摸摸您的脸。"小姑娘喃喃着。

他弯下腰，把脸贴在小姑娘的手上，尽力地笑着。

"我……我看……看过您演的所有的电影。"小姑娘说。

"那你比我还好。我自己都没全看过。"他笑着说，那笑挺迷人。

"您……能抱抱我吗？"小姑娘说。

他弯着腰像抱起一个婴儿一样，双手轻轻揽住小女孩儿的腰背，小女孩儿紧紧揽住他的脖子，在他耳边轻声说："我病好了，给……给您唱歌儿，大家都爱听我唱。"

"嗯嗯。"他笑着，"你一定唱得极好。"

"噢！"小女孩儿发出一声快乐的轻呼，说，"我……今天……真幸福……"她笑了，那笑容灿烂极了。

十五分钟后，小女孩儿身上所有的管子都被拔下，一块洁白的被单罩住她，连头带脚。只有那只惨白的小手，还抓在他手里，贴在他脸上。

两串滚烫的泪从他眼角流下。他脸上凝固着依旧迷人的笑……

苏叔阳

# 两个吻

冯教授要来学校举办讲座了！狂热的大学生们奔走相告。在他们心中，那可是个须仰视才见的大师级人物啊！有幸亲耳聆听他的讲座，怎不令人兴奋异常？

冯教授今天讲座的内容是他最拿手的——"人性的弱点"，而主持人则是这所大学的校长江女士。江校长热情洋溢地向大家介绍了冯教授丰富的哲学著述和显赫的学术地位，几乎掀翻房顶的热烈掌声说尽了学子们心中的无限钦仰。

冯教授的讲座精警、精辟、精妙。他对人性弱点鞭辟入里的分析听得大家万分折服。在大家眼中，这位大师满头的白发根根都沉淀了非凡的智慧。

当讲到"冷漠是一种致命疾患"的时候，冯教授提了一个问题让大家作答。学子们七嘴八舌，会场登时乱成了一锅粥。冯教授做了一个暂停的动作，议论声戛然而止。只见冯教授亲切地走下讲台，把话筒递给了坐在第一排的一个女生。那个女生接过话筒，几近完美地回答了冯教授所提出的问题。冯教授惊喜地望向这个女生，问她多大了。女生回答说："二十岁。"冯教授居然石破天惊地说："噢，比我孙女大两岁——我把你当成我孙女了！来，让爷爷吻一下吧！"说着，泰然地将一个吻留在了惊慌失措的女孩的颊上。

会场一片嘘声。

几乎所有的人都在心中大喊"不"！怎么可以这样？怎么能够这样？您可是堂堂的哲学大教授啊！咱泱泱中华民族不是向来都以含蓄

著称于世吗？您这样的荒唐举动岂不太离经叛道了吗？您完全可以选择口头赞美，或者握手拍肩呀，您干吗非要……去吻她那一下呢？

以那个吻为界限，会场的气氛大变。如果说前半段大家以为自己的耳朵是在饮酒，那么，后半段大家就觉得自己的耳朵是在饮鸩了。大家开始在座位上放肆地扭动，丝毫也不收敛自己的议论声，更有甚者，公然挑衅般地大声打起了电话。冯教授出现了一个小小的口误，会场里立刻就响起了不客气的讥笑声，并且，那笑声是一浪一浪地在会场蔓延，原先没有来得及笑的人被他人的笑提醒之后，毅然补上了那笑，且报复般地笑得愈加响亮、愈加持久。

冯教授的讲座是在一片带有明显轰赶意味的极不友好的掌声中黯然收场的。

江校长走上台来做总结。

她说："同学们，今天我们跟着冯教授思考了许多有价值的问题。人性的弱点，是上苍搭给万物之灵的人类的一件丑陋的礼物，但是，我们却又不能不领受。检点一下我们所领受的这可怕的馈赠，我们看到了懒惰、贪婪、自私、嫉妒、傲慢、偏见、欺骗、猜疑、刻薄、冷漠……感谢冯教授引领我们看清了这些原本躲在我们生命暗处的东西，更要感谢冯教授给予我们向人性的弱点宣战的勇气与力量！为了表达对冯教授的敬意和谢意，我愿意代表学校一万余名师生，向尊敬的冯教授献上一个吻！"

会场鸦雀无声。

江校长走上前去，优雅地拥住冯教授，得体地吻了一下他的脸颊。

欢呼声、尖叫声、掌声顿时响成一片！有的同学甚至流下了激动的热泪。这个意味深长的吻，悄然击碎了人们郁结于心的莫名的块垒，一个沾惹了尘埃的词语，被一双聪慧怜惜的手轻轻捧在掌心，让粗鲁的人在新一轮的审视中发现了它的美妙与珍贵。在这个至善至纯的吻面前，大家无不为刚才自己的丑陋表演而羞惭汗颜。是啊，"人性的弱点"是那样真实地攫住了人心，而"人性的优点"又是那样真实地拯救了人心。

从那个会场走出来的人，该花费怎样的心思去掂量那两个吻⋯⋯

张丽钧

# 你的手语那么美

出差的时候，与聋哑学校的小吴老师共居一室。很快我就发现，她的手语打得美极了。此前，我也曾注意过电视上一些附带手语解说的节目，但从没见过哪个手语播音员能把手语打得像小吴老师这么既斩截又温婉，既流畅又明晰，富有极强的观赏性和艺术感染力。

饶有兴味地跟她学了一些简单的手语，也知道了在那座小小的城市里，她有不少"手语朋友"。

她告诉我，在她的手语朋友中有一个修鞋的老爷子。她去他那里修鞋，也拉女伴去他那里修鞋，还充当老爷子与顾客之间的翻译。有时候，她居然和老爷子站在一起，跟那些刁蛮无理的顾客吵架。小吴老师说："我特别受不了他们欺负一个聋哑人！"

"有一回，一个衣着入时的女人来修鞋。鞋修好后，她横挑鼻子竖挑眼，不光少给钱，还拿话羞辱老爷子。我实在看不下去了，说：'姐姐，你说的这些话，他听不到，但天听得到。'她嗷叫着跳起来，指着我的鼻尖问：'他是你爹？'我一听，也恼了，跟她对吵起来。我俩掐得很凶，招来不少看热闹的。所有看热闹的人无一例外地向着我。那女的一看不妙，落荒而逃。我把我俩吵架的精彩内容用手语翻译给老爷子听，老爷子特感动，跟我说：'孩子，你比我亲闺女还让我觉得亲！我一个又脏又穷、又聋又哑的老头子，谁愿意拿正眼看我？我苦，我闷，我不开心。看着路上的人有说有笑，我馋呀……孩子，我不知道自己积了什么德，老天竟把你派了来，你一来，我就看到光亮了！一想到你这么一个漂亮得像花儿一样的姑娘，不但照顾我生意，还愿

意跟我说话儿，还愿意为我撑腰，我做梦都会笑醒啊！闺女呀，你以后常来跟我说说话儿吧。'就这样，我俩成了特铁的朋友。有时候我外出办事，会特意拐到他的修鞋摊，让他边干活边'听'我讲最近的国家大事和我们这座城市的新闻。他高兴极了。我工作一忙起来，也会顾不上看他。再见面时，他就会生气地说：'还闺女呢！这么久都不来看我，也不怕我憋闷死！'我就赶紧跟他道歉。——唉，碰上这么一个爱撒娇的老爷子，不哄着点，又能咋办？"

　　我久久地望着美丽的小吴老师，用她刚教会我的手语说："我爱你。"

　　　　　　　　　　　　　　　　　　　　　　　　　　张丽钧

# 最高礼遇

　　朋友们坐在一起神聊，不知怎么就把话题扯到了自己所接受过的最高礼遇上。一个说，某市长给他夹过菜；另一个说，某副省长请她跳过舞。轮到做记者的孟芝，她甩甩清汤挂面式的直发，淡淡地说：我所接受过的最高礼遇，说出来也许有人不爱听，但既然是"命题作文"，我也只好扣着题目规规矩矩讲述啦。

　　那一年初春，我奉命到一座大山上采访一群雷达兵。车开到山脚下，我和司机老于背着芹菜、黄瓜、西红柿之类据说是极受战士们欢迎的礼物开始爬那座高入云端的大山。山路难走，我累得气喘吁吁，爬一段就停下来灌一阵子矿泉水。老于逗我说：孟芝，少喝点水，山上可没有女厕所哟！

　　终于狼狈不堪地登上了顶峰。十二个战士挥动着鲜艳的彩带，高喊着"欢迎欢迎热烈欢迎"的口号列队迎接我们。这始料未及的隆重场面惹得我激动万分，我握着那些可爱的战士们的手一时竟不知说什么好。这时候，老于捅了我一下，指着营房的方向让我看——上帝！那里竟赫然张贴着一条标语：热烈欢迎孟芝同志光临指导！

　　开始用餐了。战士们都不约而同地让自己的筷子避开那些难得一见的新鲜蔬菜而抢着去夹兔肉（他们养着几百只兔子）。班长告诉我们说，大雪封山的时候，他们上顿下顿全吃兔肉，直吃得战士们看见活兔子都想吐。

　　那天采访到的故事感动得我泣下沾襟。不瞒各位说，后来正是那一篇《山到极顶我为峰》的通讯让我这个小女子在新闻界一举成名。

采访结束后，一个小战士冷不丁问我道：你去1号吗？另一个眉清目秀的战士怨责地拽了一下那小战士的衣角，恭敬地问我道：你需要去洗手间吗？

我的脸腾地涨红了，一下子想起了老于逗我的话。我支吾着，极想说"需要"，但又不知在这地道的"雄性"世界里究竟有没有供自己"洗手"的地方。眉清目秀的战士似乎看透了我的心思，热情地指给我洗手间的所在。

我走到一个岔路口，不知该朝哪个方向迈步了，一抬眼，竟看到一个崭新的指路牌！牌子上画着一个醒目的大箭头，箭头下用漂亮的楷书写着：女厕所。大概经过了两三个这样的牌子，我顺利来到自己的目的地。

说出来你们也许不相信，那居然是一个特意为我这个女记者搭建的"洗手间"！虽说不过是供"一次性"使用的，但它的选址是那样的安全，建造又是那样的讲究——粗细均匀的圆木围成一个玲珑的圈儿，小小的门正对着一面光滑的石壁。

一想到有十二双手曾经为了让我更方便一些而在这里庄严地劳动，我就幸福得直想哭，终于明白了那一句"你去1号吗"的突兀问话里包含了多少焦急的期待和莫名的忐忑——我们可爱的战士，他们拿心铺成了路，还生怕你走上去硌了脚呀！长这么大，我孟芝心安理得地用过多少豪华的洗手间呵，但唯有这一间让我的双脚在踏入时感到了微微的颤抖。

——真对不起，瞧我，把你们大家都讲得难过了。不过，说句真心话，自打在那座大山上接受了那最高礼遇之后，我生命的词典里就永远剔除了一个词——羡慕。

大家长时间沉默着。

最后，一位最受人尊重的先生真诚地握住孟芝的手说：谢谢，谢谢你。你的故事让我们的灵魂接受了一次最高礼遇。我敢说，从今而后，我们大家生命的词典里都将加进一个可贵的词儿——羡慕。

张丽钧

# 可依靠的人

郭老师高烧不退。透视发现胸部有一个拳头大小的阴影，怀疑是肿瘤。

同事们纷纷去医院探视。回来的人说：有一个女的，叫王端，特地从北京赶到唐山来看郭老师，不知是郭老师的什么人。又有人说：那个叫王端的可真够意思，一天到晚守在郭老师的病床前，喂水喂药端便盆，看样子跟郭老师可不是一般关系呀。就这样，去医院探视的人几乎每天都能带来一些关于王端的花絮，不是说她头碰头给郭老师试体温，就是说她背着人默默流泪。更有人讲了一件不可思议的奇事，说郭老师和王端一人拿着一根筷子敲饭盒玩，王端敲几下，郭老师就敲几下，敲着敲着，两个人就神经兮兮地又哭又笑。心细的人还发现，对于王端和郭老师之间所发生的一切，郭老师的爱人居然没有表现出一丝一毫的醋意。于是，就有人毫不掩饰地艳羡起郭老师的"齐人之福"来。

十几天后，郭老师的病得到了确诊，肿瘤的说法被排除了。不久，郭老师就喜气洋洋地回来上班了。

有人问起王端的事。

郭老师说：王端是我以前的邻居。大地震的时候，王端被埋在了废墟下面，大块的楼板在上面一层层压着，王端在下面哭。邻居们找来木棒铁棍撬那楼板，可说什么也撬不动，就说等着用吊车吊吧。王端在下面哭得嗓子都哑了——她怕呀，她父母的尸体就在她的身边。天黑了，人们纷纷谣传大地要塌陷，于是就都抢着去占铁轨。只有我没动。我家就活着出来了我一个人，我把王端看成了可依靠的人，就像王端依靠我一样。我对着楼板的空隙冲下面喊：王端，天黑了，我在上面跟你做伴，你不要怕呀……现在，咱俩一人找一块砖头，你在下面敲，我在上面敲，你敲几下，我就敲几下——好，开始吧。她敲当当，我便也敲当当，她敲当当当，我便也敲当当当……渐渐的，下面的声音弱了，断了，我也迷迷瞪瞪地睡去。不知过了多长时间，下面的敲击声又突然响起，我慌忙捡起一块砖头，回应着那求救般的声音，王端颤颤地喊着我的名字，激动得哭起来。第二天，吊车来了，王端得救了——那一年，王端十一岁，我十九岁。

女同事们鼻子有些酸，男同事们一声不吭地抽烟。在这一份莹洁无瑕的生死情谊面前，人们为一粒打从自己庸常的心空无端飘落下来的尘埃而感到汗颜，也就在这短短一瞬间，大家倏然明了：生活本身比所有挖空心思的浪漫揣想都更迷人。

张丽钧

# 汶川大地震中的真实故事

2008年5月12日14时28分04秒，中国四川汶川发生了里氏8.0级的大地震。

山崩塌，地陷落，秀山沃土，美丽家园，顷刻之间一片瓦砾。69227人遇难，374643人受伤，17923人失踪。

骨肉同胞心焦如焚，人们从东西南北奔赴灾区，将各种物资从四面八方运去；骨肉亲人倾囊相助，十亿元，百亿元，千亿元的资材，滚滚向汶川奔流而去。

在这场大劫难中，十三亿同胞悲壮地手挽着手，那拯救生命、珍惜生命的壮举，让苍天为之动容，让神灵为之哭泣。

绵竹的一所学校中，教学主楼坍塌了，一百多名孩子被埋。武警和消防官兵日夜不停地拼命搜寻生命的迹象。他们已经从废墟中刨出十几个孩子和三十多具尸体。可就在抢救的最关键时刻，强余震袭来，吊机操作突然移动，随时都有第二次坍塌的危险。救援负责人命令所有人暂时退出废墟，可随即有几名战士大叫一声"还有活着的孩子"，转头就要往废墟里钻，却被身旁的战士们死死地拽住。突然又一名刚刚从废墟中救出一个孩子的战士，也要往废墟里钻。他猛地跪下，对拽他的人哭着说："求求你们，让我再救一个！"他的话音未落，几块巨大的混凝土预制板就压了下来。

"求求你们，让我再救一个！"这就是爱，爱得忘我，爱得圣洁，爱得悲壮。

在曲山小学的废墟中，救援人员忽然听到微弱的呼救声。他们发现一个浑身是血的小男孩，被预制板压在几个孩子的尸体上。救援人员正要去救他，孩子使了个眼色，恳切地说："叔叔，我不慌张，先救他们！"救援人员在他旁边的隔层中，发现了十几个被埋的孩子。几个小时过去了，隔层中的孩子全部被救出后，这个小男孩最后一个被抬出了废墟。

"叔叔，我不慌张，先救他们！"这就是爱，爱得忘我，爱得圣洁，爱得悲壮。

漩口中学坍塌，一块水泥板压在向孝廉的身上。这个年仅十三岁的柔弱小姑娘从昏迷中醒来的瞬间，模糊地看到水泥板缝隙有点亮光，就微弱地喊了一声，接着就又昏迷了过去。此时，她的同学马健正不停地声嘶力竭地呼唤她的名字。他一边拼命不停地喊着"坚持住！坚持住"，一边疯了似的用双手刨着水泥碎块。大约四个小时后，向孝廉被刨了出来，而马健的双手已经血肉模糊了。

"坚持住！坚持住！"这就是爱，爱得忘我，爱得圣洁，爱得悲壮。

垮塌的房子底下压着一个妇女。她已经死了，可她的姿势很特别——双膝跪地，整个上身向前匍匐，双手撑地，像是要给身下留出空隙。救援人员有点纳闷。一个战士很费力地把手伸进女人身子底下，突然他高喊"有人，有人，是个婴儿还活着"！待众人把婴儿从狭窄的缝隙里慢慢地、轻轻地拖出来时，那婴儿还安静地睡着呢。婴儿的裹被里，还有一部手机，手机屏上留有已经写好的短信："亲爱的宝贝，如果你能活，一定记住我爱你。"看惯了生死离别的医生，却在这一刻落泪了，手机被传递着，每个人都落泪了。

"中国，挺住！中国，挺住！"这是俄罗斯媒体对中国人的呼喊，"中国经历的磨难太多，但从没有在磨难中倒下。"说得多好啊！这就是爱，爱得执著，爱得圣洁，爱得悲壮。

　　这是怎样的神圣土地啊，它经历了数不清的磨难，又创造了数不清的辉煌。这是怎样的神奇土地啊，它哭起来地动山摇，泪水滋润着花开草绿；它笑起来惊天动地，笑浪冲刷着浊水污泥。

梁希厚

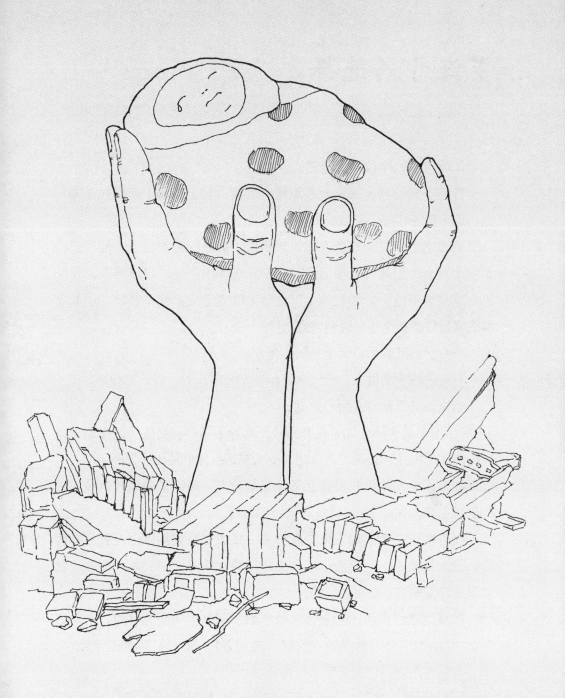

# 罗汉寺的选择

2008 年 5 · 12 汶川大地震。

什邡市妇幼保健医院大楼裂缝一道道，加上余震不断，已岌岌可危。若不紧急转移，恐酿成大祸。

情急之下，院长桂逢春首先想到仅一街之隔的罗汉寺。他想把滞留的十八名产妇和二十多名孕妇先安置进寺院空地，以渡难关。但又担心罗汉寺拒绝，忌讳妇人生产会带来血光之灾。他不得已，还是硬着头皮找住持素全师父说明来意。

一分钟的沉默后，素全师父应允了。

可院内四十名僧人、三十名居士，却强烈反对，说这是犯忌。

素全师父召集僧人耐心地说：

"出家人最大的忌讳是见死不救。必须无条件接受灾民，必须无条件提供生活用品，必须无条件把寺院的东西给她们使用。"

凌晨，孕妇陈世超要临盆了，又是难产，必须在寺里找个地方进行剖腹生产。

没有产床，僧人用三张禅凳拼成一张床；地震后停电没有足够照明，僧人打着手电，让医生顺利完成剖腹产手术。一百零八个孩子就是以这种方式在寺院中出生的。

屋漏偏逢连夜雨。素全师父怕产妇和刚出生的婴儿淋雨，亲自动手把"报本堂"给马祖像遮雨的棚子搬到院中，给产妇搭起避雨棚。

有居士跑来拦住素全师父，说：

"你这样做不对，怎么连菩萨都不管了？"

素全师父扔下一句话：

"现在救活人要紧，哪里顾得上泥菩萨呢！"

说罢，素全师父又忙去了。

在生命面前，天大的事也是小事；在生命面前，一万个不行也得行。

赵中国　改写

# 苏轼买房

苏轼是宋代著名的文学家，他之所以能写出那么多脍炙人口的优秀作品，除了才华横溢、具有杰出的文学天赋外，还与他人品高洁，怀有一颗高尚美好的心灵有关。这一点，从他晚年在常州买房一事可见一斑。

宋神宗年间，以王安石为首的新党主持变法。苏轼因为看不惯变法过程中出现的种种弊端，对变法提出批评，结果被捕下狱，差一点丢了性命，后来被安置在黄州。哲宗初年，高太后临朝，反对变法的旧党上台，苏轼得到重用。但旧党一味报复，对新党推行的一些有利于国家和百姓的政策也予以废止，苏轼又与新党发生争执，自请离开京师，去地方任职。元祐八年（1093），哲宗亲政，又启用新党，但苏轼并没有逃过被迫害的命运，被远贬惠州（今广东惠阳），再贬昌化军（今海南儋州）。海南当时还属于蛮荒之地，生活环境极其恶劣，苏轼在那里度过了极为艰难的几年。直到元符三年（1100），徽宗即位，苏轼才得遇赦还归内地，自请在常州定居。这时他已是风烛残年之人了。

早在熙宁七年（1074），苏轼因喜爱常州宜兴的风土人情，在那里置了一点田产，准备将来安度晚年，但并没有建住房。晚年回到常州后，他只好寄居在常州城内顾塘桥畔孙氏馆，同时委托朋友帮他物色买房。过了一段时间，朋友告诉他，已经找到了一所房子，比较合适，原房主急着出售。苏轼在朋友的陪伴下去看了房子，也很满意，不久就交付了房款，只等原房主搬出，就可以搬去住了。

数日后的一天夜里，苏轼从这处房子边路过，看到一位老妇人哭

得很伤心。苏轼走上前去问她为什么哭。老妇人说，自己的儿子赌博输了钱，债主逼债，只好把祖传的老宅卖了，自己没有教育好儿子，对不住死去的公公、婆婆和丈夫。老妇人越哭越伤心。苏轼问她的房子在哪里，却原来就是苏轼所买的房子。苏轼便对老妇人说，你不要哭了，我就是买你房子的人，现在我不买了。你们家需要还债，房款我暂时也不要了。

付出的房款，是苏轼仅有的积蓄。既然暂时拿不回来，他也就无力买房了。半年后，即宋徽宗建中靖国元年（1101）七月二十八日，备受摧残，已心力交瘁的一代文豪苏轼撒手西去，死在寄居的房子里。

对一个有钱有势的人来说，拿出一点财富救济别人，不是难事。自己饱经磨难，仍怀有满腔爱心，只有最后一点财产，仍然肯拿出来救济比自己更困难的人，这样的美德令人敬仰。

廖可斌

# 杜甫·枣子与吴郎

古代伟大的文学家，都有一颗善良的心。杜甫晚年漂泊到了夔州，在瀼西租了一座小院子居住，院子里有一棵枣树。他的邻居是一位孤苦伶仃的老妇人，经常衣食无着。杜家院子里的枣子成熟时，她偶尔会来打枣子充饥。

不久，杜甫由于经济拮据，放弃了瀼西草堂，把它转让给远房侄儿吴郎，自己在东屯租了一座更便宜的茅屋住下。吴郎也许是为了防盗，也许是不愿意老妇人来院子里打枣子，就筑了一道篱笆。杜甫再次来看望吴郎一家时，发现这一情况，于是给吴郎写了一首诗《又呈吴郎》：

> 堂前扑枣任西邻，
> 无食无儿一妇人。
> 不为困穷宁有此？
> 只缘恐惧转须亲。
> 即防远客虽多事，
> 便插疏篱却甚真。
> 已诉征求贫到骨，
> 正思戎马泪盈巾。

他劝吴郎，老妇人要不是实在没办法，肯定不会来打枣子。为了不让她害怕，平常要对她格外亲热一点才是。你筑篱笆，也许是无心，但老妇人见了，很可能认为你是为了防止她来院子里打枣子，就不好意思来了。现在兵荒马乱，大家都不容易，要相互体谅关心才好啊。

伟大诗人对一个卑微的穷人的体贴关心以及对她人格的尊重，令人感动。

廖可斌

# 六尺巷

有一副刻画弥勒佛的对联说："大肚能容，容天容地，于己何所不容；开口便笑，笑古笑今，凡事付之一笑。"这是何等的心胸啊！常言道，宰相顶头堪走马，公侯肚内能撑船。能吗？

张英，康熙时进士，官至文华殿大学士兼礼部尚书，人称张宰相。张英不仅学识渊博，而且为人气度恢宏。

有一年，他老家建造府邸，恰巧隔壁姓叶的官宦人家也在扩建私宅。但叶家不知是无意，还是有心，竟侵越张家地界三尺。张家人火冒三丈，连忙派人进京禀报，想利用张家的官大势大讨回公道。张英看完家人送来的书信后，却异常平静地提笔写了一封回信：

> 千里来信只为墙，
> 让他三尺有何妨？
> 长城万里今犹在，
> 不见当年秦始皇。

家人们看到回信后，面面相觑，但仔细一想，又觉得不无道理。为三尺地基，闹得沸沸扬扬，何必呢？那万里长城虽经千年风雨依然屹立，而修筑长城的秦始皇却早已销声匿迹，无影无踪了。闹什么，吵什么呢？

于是张家主动向叶家赔礼道歉，再也不提地界的事了。叶家人知道了事情的来由，十分感动："宰相如此大度，我们也要识相知趣才是。张家让出三尺地界，我们叶家也让出三尺地界，就留出一条六尺宽的巷道吧！"

从此，安徽桐城县的一条街——"六尺巷"之名不胫而走，竟成为游客寻访凭吊的胜地了。

宽容是生存的智慧，是生活的艺术。人世间什么力量最大？

笑一笑，坚冰融，乌云散，留下春光和煦；

让一让，不伤筋，不动骨，赢得秋高气爽。

梁希厚

# 眼睛能看到的爱

那天去一个小花店买花。卖花的女孩听我报出几样花名之后，就转身到储藏室去了。

一阵呢喃细语。

我想：怎么？老板躲在里面，暗中操纵女孩？——罢了罢了，管那么多闲事干啥！一会儿，女孩出来了，竟随手带死了储藏室的门。

我忍不住好奇心，指着门板问她道："刚才，小姐是在和里面的人讲话吧？"

她浅浅地笑了，说："我是在讲话——在和我的花讲话呀。"

我万分讶异，反问她道："在和你的花讲话？"

她一双纤纤素手麻利地忙碌着，眼睛不看我，颊上依然漾着浅浅的笑："是啊——很奇怪吗？我只是跟我的花随便聊几句，告诉这一枝说：你开得这么好，这么艳，我也留不住你了。再告诉那一枝说：你急什么嘛，小骨朵抱得那么紧，再过两天，送你出门也不迟。——就这样。"

我听得呆了。接过自己的一捧花时，竟对女孩说："往后，我会常来你这里买花——我喜欢这些能听得懂你的悄悄话的花。"

告别了女孩，一路心情灿烂，不由想起另一个暖人的故事。

一个跑郊区线路的公交司机，每天都十分快乐地开着车走上那条尘土飞扬的道路。女售票员逗他道：谁比得上你，天天来赴约会！他幸福地笑着，说：瞧，妒忌了不是？女售票员叹口气说：妒忌还不是白妒忌，世上谁有你这样的好福气哟！

乘客都听得懵了——怎么，这棒小伙儿在乡野还有个痴心恋人？

车继续颠簸着往前开。在一个小村前，女售票员兴奋地指着前面的一个水塘说：在呢！还不快联系！司机于是按响了喇叭，三声短一声长——显然是某种"暗号"。

所有的乘客都引颈观瞧——老天，竟然是一群白鹅！听到喇叭声顿时张开双翅争先恐后地扑拉拉往汽车开来的方向跑，边跑边嘎嘎地欢叫着，犹如一群终于盼来了父母的幼儿园的孩子。

这个与花呢喃私语的女孩和这个约会农家白鹅的司机，让我明白了工作究竟可以带给人几多的快乐。

爱花的女孩，从不怀疑花儿一律长着善听的耳朵。那含苞或怒放的心思，都被女孩一点点地参透，又一点点地分享了。对于她而言，工作早已不仅仅是糊口手段，而是一份滋养容颜的情、一份抚慰心灵的爱。

在坎坷颠簸、尘土飞扬的乡路上跑车，司机的心中该有多少的愤恨懊恼？如果他一路上骂声连连，大概不会有人怨责他吧？然而，这个棒小伙儿没有；不但没有，他还硬是多了一份在城市大马路上跑车不可能拥有的欢跃。在两边栽种了美丽花树的城市大街上，我听到太多司机在用他们的喇叭表达满心的不耐烦，而这个年轻的司机却在用喇叭抒情！那闻声翩跹而至的白鹅，何尝不是在用忘情的欢叫为那给自己创造了快乐同时又给他人带来了快乐的司机深情祝祷呢？

——倘若你无精打采地烤着面包，你烤成的面包就是苦的，只能救半个人的饥饿；倘若你怨恨地榨着葡萄酒，你的怨恨就在酒里滴了毒液。从你的心中抽丝织成布帛，仿佛你的爱人要来穿此衣裳；热情地建造房屋，仿佛你的爱人要住在其中。这段话是纪伯伦讲的。年轻的、健康的生命总是要与"工作"结伴前行的。不要厌恨工作，更不

要诅咒工作，学着将一份挚爱融入工作中吧！要知道：用快乐去阐释工作，人生就远离了怅恨烦恼；用柔情去打磨日子，岁月将赠予你无比丰赡的回馈。

永远记着——工作，是眼睛能看到的爱。

张丽钧

# 神圣的一吻

"爱"是地球旋转的第一推动力。它的能量很大很大，能使鬼神哭泣，能让天地惊讶。

几年前，在美国西雅图残疾人运动会上，九个身体或智力方面有缺陷的孩子，整齐地站在百米短跑的起跑线上。

发令枪一响，九个孩子都趔趔趄趄地跑了起来。确切地讲，他们不是在跑。但不管怎样，他们个个都满心欢喜地要跑完全程并争取获胜。

突然，一个孩子在跑道上跌倒了。他坚强地爬起来再跑，又跌倒了，爬起来再跑……连续好多次，男孩终于无奈地哭了。

一听到哭声，其他八个孩子都放慢了速度，停了下来。然后，他们又不约而同地转过身往回跑，去安慰跌倒的小伙伴。

就在这时，他们中的一个女孩，竟不顾自己患有严重的"恐低综合症"——不能低头，艰难而痛苦地低下头，弯下腰，在那个小男孩的脸上轻轻吻了一下，说：

"这会让你好些的。"

多么天真、多么纯洁、多么神圣的一吻呀！

然后，九个孩子手挽着手，相互关照着，一起走向了终点。

此时，体育场的所有观众都站了起来。掌声和欢呼声一浪高过一浪，持续了将近十分钟。

这些先天缺陷、后天不足的孩子们，以他们的真善美征服了人们。只要心中有圣洁的爱，就会在人生的跑道上赢得精彩。

# 感　恩

感恩节的早晨，一对年轻夫妇极不愿醒来。因为他们不知道如何以感恩的心来度过这一天。他们实在是穷得可怜。

贫穷的夫妻烦心事特多，几乎每天都争吵。双方越来越烈的火气和咆哮，让孩子也觉得无奈和无助。

那天，沉重的敲门声突然响起。小男孩前去应门，一个高大男人赫然出现在眼前。他穿着一身皱巴巴的衣服，满脸堆笑，手里提着一个大篮子，里头装满了各种各样应节的东西：一双火鸡、烤火鸡的配料、厚饼、甜薯及各式罐头等，全是感恩节大餐不可少的。

这家人一时愣住了，不知道是怎么一回事。门口的那人随之开口道："这份东西，是一位晓得你们需要的人让我送来的。他希望你们知道，还有人在关怀和爱护着你们。"

他带着微笑，把篮子搁在小男孩的臂弯里转身离去，身后还飘来一句甜美的祝福："感恩节快乐！"

这份关怀，让小男孩懂得了人生始终存在着希望，懂得了随时都会有人来关怀自己。他的内心油然生起一股感恩之情。他发誓日后也要以同样的方式去帮助需要的人。

小男孩长到十八岁了，已有能力来兑现当年的许诺。他的收入虽然还很微薄，可在感恩节这天，还是买了不少食物送给两户极为需要的家庭。他穿着一条破旧的牛仔裤和一件 T 恤，假装是送货员。当他开着自己那辆破车，到达第一户破落的住所时，前来应门的是位妇女。她已有六个孩子，几天前，丈夫抛下他们不告而别，全家人正面临着断炊之苦。年轻人开口说道：我是来送货的，女士。他从车里拿出装满了食物的袋子及盒子，里头有一双火鸡、配料、厚饼、甜薯及各式的罐头。见此情景，女人傻了眼，而孩子们却爆发出欢呼声。

年轻妈妈激动地喊着：你一定是上帝派来的！年轻人有些腼腆地说：噢，不，我只是个送货的，是一位朋友让我送来这些东西的。随之，他交给妇女一张字条：我是你们的朋友，愿你一家都能过个快乐的感恩节，也希望你们知道还有人在默默地爱着你们。今后，你们若是有能力，也请你们去帮助需要帮助的人。

以帮助他人来丰富自己的生活，以帮助他人来充实自己的人生，这该多快乐呀！

感恩是人类美德的彰显，是人不可缺失的美好品质。

梁希厚

# 暖人心房的交易

有位孤独的老人居住在林木环绕、优雅安静的郊外湖边。他的住宅后面是绿油油的草坪，前面是鸟语蝶飞的小花园，再前面就是微波荡漾的湖面了。然而，他还是不得不决定去养老院，因为他无儿无女，又体弱多病，无人照顾。老人不得不宣布出售他住了一辈子的住宅。

欲购房者蜂拥而至，从底价六十万，很快炒到了六十四万、七十二万……购买者络绎不绝，价钱也越来越高。

孤独的老人满目忧伤，深陷在沙发里，怎么也高兴不起来。要不是年事已高，病魔缠身，他是不会卖掉这栋陪他度过一生的住宅的。

购房者在老人面前费尽心机，出价一个比一个高，但老人一直抑郁地低着头，默不作声。他舍不得卖自己的住宅呀。

老人伤心晦气地走出了喧闹的客厅，来到幽静的花园，惆怅失落地环顾了好一会儿，才长叹一声颤颤巍巍地坐在长椅上。他凝视着天上那朵漂泊不定的孤云。

正当老人长吁短叹时，一个衣着朴素的年轻人在老人面前徘徊着，似乎有难言之隐。突然，他弯下腰，微笑着低声对老人说："老先生，我也好想买这栋住宅，可我很穷，只有十万。如果您把住宅卖给我，我会让您亲人一般依旧生活在这里，依旧保留您所有的习惯，我们会一起喝茶，读报，散步，您天天会感到快快乐乐的——请相信我，我会用整颗心来照顾您的！"

老人颔首微笑着，甜甜地微笑着。他慈祥地紧紧握着年轻人的手，以一万英镑的价钱把房子卖给了他。在场的众人皆惊得目瞪口呆。

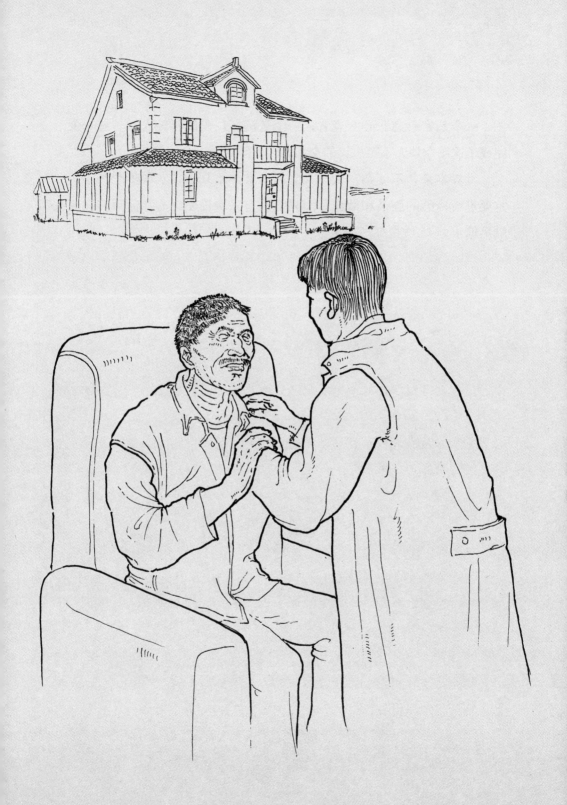

一个是富有慈悲心的老者，一个是满怀仁爱的年轻人，一慈一爱完成了这场令外人不可思议的交易。

世界本来并不复杂，人与人之间本来并不复杂，实现梦想并不一定要进行冷酷的厮杀和欺诈，而只需拥有一颗仁爱之心和甜甜的微笑就足够了。

梁希厚

# 天街赋

噫吁嚱！天街之名，日益响亮。天街之盛，难以形容。唯有亲临胜地，反复体味，方知其慧于中，秀于形，形神皆美。天街犹如新嫁娘，雍容典雅，亭亭玉立，兼有古今中外之雅致，融合活泼文静之风情。四海宾朋，八方游客，宇内同胞，各国政要，大凡游历北京，必来此街观光。徜徉天街路，沐浴京华情，已成北京文化新风景也。

天街者，前门大街之谓也。北起正阳门下月亮湾，迤逦南行至珠市口，全长八百四十米，成于1420年。明清两代，帝王南巡，或狩猎，或典礼；赴天坛以祭天，先农坛做演耕，皆经此路，故称天街。是故，商铺旅社咸集，会所戏院俱来；更有外邦洋商，渡海设店于此。于是，天街集北京建筑文化、商贾文化、梨园文化、会馆文化、民俗文化之大成，风风火火，繁盛数百年之久。有清皇帝乾隆诗曰："丽日和风调玉律，彩幡花胜耀天街。"

唯此天街，命运多舛。犹如国运，坎坷跌宕。近代以降，神州陆沉。春秋代序，风雨冲刷。两里天街，店铺照样林立，华洋依旧杂处。更有新式电车碾路，铃声当当，却似西风摧华夏，血雨洗九州。国运衰微，民生凋敝，天街虽为古都市井风貌、史迹文物尚称完整之地，怎奈早已如命妇沦落，公主蒙尘，铅华洗尽，霓裳褴褛。街道两旁，胡同狭窄，犹如细脉。极狭处，才通人。而会所民居，比肩接踵；梨园戏院藏于陋巷。丝竹沉吟，堪比民怨心声。人民扼腕于禁口，长街饮恨在喧嚣。东风吹，红日出，天街逢天清。岂料又有十年疯狂，自毁文明。天街再复遭劫，民生无改前塞。

幸而噩梦醒来及早，民族复兴有日。更赖上下同心同德，誓叫旧貌新颜。适逢奥运良机，政府投资修整天街，民众齐心戮力支持。饱学专家一十六位，精心论证三十二回。依照上世纪二三十年代之风貌，恢复旧物。展现新时代科学发展观之精神，远瞩前瞻。居民自愿搬迁旧居，天街修整日夜兼程。费三年之岁月，成千载之功业。为新世纪、新生活浮一大白。2008 年 8 月 7 日，天街修葺事毕，蓝天丽日白云，长街涌动青春。天街亮相于世界，世界惊喜看天街。

看今日之天街，轻施粉黛，风姿卓越；优雅稳重，青春焕发。天无分四季，日无分晨昏，皆有动心之美色，引发诗韵之幽情。黎明，请来天街，品晨风薄雾抚摸屋宇；傍晚，请来天街，看街灯星月融合彩霞。雨雪纷纷，听水珠轻敲窗棂；流云飞逝，看电车滑过轨道。还有一串当当铃响，洒向人群，却愈显街市寂清。市声揉碎，隐于街巷深处。歌吟袅袅，飘向云霄高天。这正是老北京旧有之城市田园诗韵，已被窖存太久，如今启封，愈加醇香。如花少年必会惊奇，北京何来如此撩人风情，华发乡亲必会沉醉，重拾京味儿让人泪洒青衫。来自遥远异邦的华夏同胞，跨过浅浅海湾的宝岛兄弟，必会陶然，亲情或浓或淡，总让人醉眼迷离。各掬一杯家乡酒，合成民族万年醇。共庆复兴团圆日，同来天街祭先贤。全球朋友，请来天街，真诚的友谊欢迎你，多元文化的座椅等待你。

嗟乎！手拉手，望长天。子曰："和而不同。"先贤的伟大理想，正由天街显现！

　　　　　　　　　　　　　　　　　　　　　　　　苏叔阳

# 屈原自沉汩罗江

人的生命是珍贵的；为什么而活着，也是珍贵的。有的人认为：为什么而活，远超过生命本身。这是一条原则。当生存的原则不再存在，或者无法实现，生命就失去了意义，慷慨赴死，就是一种崇高。

被称作中国"诗人之父"的屈原，就是这样一位把为什么而活视为比生命更加重要的原则的人，他是我们民族伟大的先贤。

屈原（前340—前278），名平，原是他的字。他出身于战国时代"七雄（齐、楚、燕、韩、赵、魏、秦）"之一的楚国，和楚王同姓，是一位贵族。他曾官居左徒，相当于副宰相。他关心民间疾苦，热爱祖国，无论内政外交，都颇有建树，一时颇得楚怀王的信任。但也遭到同僚上官大夫的嫉恨，时时被诬告。

那时，秦国一心一统江山，要吞并楚国必先拆解楚国和齐国之间的联盟。于是派说客张仪赴楚国力劝楚王和齐国断交，联合秦国，并许诺楚王许多好处。懦弱又短见的楚王听信了谗言，在外交上反复不定，时而联齐，时而联秦，令爱国心切的屈原痛心疾首。楚怀王听信了张仪的游说，又被谄媚强秦的幼子子兰劝说动了心，竟然冒失地亲自到秦国面见秦王，结果被秦国扣留。楚怀王此时才有所觉悟，拒绝秦国割地的要挟，悔恨交加，病死异国。

怀王死去，长子继位，是为楚顷襄王，他比他的父亲还要昏庸，任命他的弟弟子兰做令尹（宰相）。屈原不满子兰劝父媚秦，在言辞和诗篇中颇多愤懑。子兰便怂恿上官大夫进谗言于顷襄王，于是屈原被流放到长江以南的地方。这次的流放竟然长达十几年之久。

在这次漫长的流放生涯中，屈原目睹了百姓艰难困苦的生活，忧心祖国多舛的命运。他在自己不朽的诗篇《离骚》中写道："长太息以掩涕兮，哀民生之多艰。"（纵使我仰天长长地叹息，也止不住涕泪横流，可哀怜的是民众的生计，是多么地艰难忧愁。）

他疾恶如仇的正义感使他完全不顾个人的利害得失。他热爱祖国的深情，令人泪湿衣襟。他写道："岂余身之惮殃兮，恐皇舆之败绩。"（我岂怕自身遭什么诬诼和祸害，只担心国家被颠覆。）

他还写道："皇天无私阿兮，览民德焉错辅。夫唯圣哲以茂行兮，苟得用此下土。"（皇天没有自己的私心，他观察民德就会选择，焉能错误地辅佐恶人。只有德行天下的圣哲，才配享有地上的国土，让人们获得富足快乐。）

但是，那一年，公元前278年春天，秦国的大军攻破了楚国的都城郢都，楚王的祖坟也被焚掘。一代雄杰灰飞烟灭。那年，屈原六十二岁。流放生活本来就让他振兴祖国的期望慢慢衰解，但还仍存希望，如今亡国的灭顶之灾，击碎了他生命的原则：他再也无法实现复兴祖国之志了。他痛斥误国的奸佞，哀叹苦难的同胞，舍不得他亲爱的故国。他像中了魔一样，在汨罗江畔疾走，一任江风吹卷他的华发，那是祖国的风啊。他在风中吟唱他的诗篇。他不愿与恶人同流合污，幻想驾一具天车遨游天国，去追寻先哲。可是，"陟升皇之赫戏兮，忽临睨夫旧乡。仆夫悲余马怀兮，蜷局顾而不行"（当初升的太阳在天际辉煌，忽地从高处看见我的故乡。车夫掩不住心头的悲痛，我的老马也怀念着家乡，蜷缩着身子低头回顾，它再也不愿走向前方）。

这对故国的眷恋是那样深情，那样动情，那样让人悲伤。故国山河在，只是春秋改。再也无法报效祖国，再也无法一伸壮志。空悲切，莫如以身许！于是农历五月五日，屈原背负香草怀抱石块，毅然走进

滚滚的汨罗江。水声呜咽，在为伟大的诗人招魂。乡亲们闻讯，纷纷赶来，划起船只，寻找诗人的遗体，又把米团塞进竹筒投入江中喂鱼，不让鱼虾咬坏屈原的遗体。年年代代，习俗流传，成为中华民族怀念爱国忠贞高洁诗人的节日。

　　屈原的遗体消失在祖国的江河，他的精神流传万古。爱祖国，爱人民，追慕崇高，绝不流俗。以高尚的原则作生命的准则，这准则神圣而且永远高于生命本身。这就是屈原留给中华民族的道德价值，至高的美德。做一个屈原的后裔，光荣而且自豪！

余平夫

　　《青春长在》主编李青告读者诸君：在选编了《屈原自投汨罗江》之后，我们又选编了《司马迁发愤写〈史记〉》以及将要发表的诸篇文章。在编辑这些文稿时，我们所有编辑部同仁，无不心情激动，向我们光荣的先祖肃然致敬，为我们今天同胞的善举而热泪涔涔。我们恳切希望，读者诸君，寄来你们的意见、读后感和你们身边所见所闻的凡人小事，美德善举，让我们沐浴君子之风，接受润物的春雨，净化心灵……

# 司马迁发愤写《史记》

　　司马迁，字子长，是西汉的史学家、文学家。左冯翊夏阳（今陕西韩城）人。他的一生是个悲剧，他的生卒年月至今还存在争议，大约是公元前145年或前135年至前87年。他的死因更是言人人殊。他大约活了五十到五十八岁，英年早逝。但他给予后世的影响却是深广和久远的。时代更移，但至今，两千多年的岁月中对他伟大的业绩和高尚的人格，否定的声音几近于无。这是一个好现象，说明我们的民族具有稳固的道德价值观念，风吹不散，水冲不走，山崩地裂，仍有坚强的信念支撑着我们的民族屹立在世上。

　　司马迁的父亲司马谈是汉高祖的史官（太史令），具有极高深的学问和广博的知识，又有忠于事实不为亲者讳的高尚的史学家的职业精神。司马迁在他的影响下，一心要做一个"究天人之际，通古今之变，成一家之言"的历史学家。他从十八（或二十）岁起，就周游祖国大地。

南游江、淮，上会稽，探禹穴，窥九疑，浮于沅、湘，北涉汶、泗，游历齐、鲁，观孔子之遗风，过梁、楚以归，做了皇帝的近侍郎中，随汉武帝到过平凉、崆峒，又奉使巴蜀，他到的最南边是昆明。元封元年（前110），汉武帝举行大规模的巡行封禅，步骑十八万，旌旗千余里，浩浩荡荡。司马谈是史官，本应从行，但病死在洛阳。司马迁接受了父亲的遗志，赶到泰山，参加封禅，随后沿着东海，绕道长城塞外回到长安。这一切为他做一个了不起的太史令打下坚实的基础。

司马迁三十八岁时继承了父亲的事业，做了太史令。四十七岁时突遭大祸。天汉二年（前99），正当司马迁全身心地撰写《史记》之时，发生了李陵事件。

这年夏天，武帝派自己宠妃李夫人的哥哥、贰师将军李广利领兵讨伐匈奴，另派李广的孙子、别将李陵随从李广利押运辎重。李陵带领步卒五千人出居延，孤军深入浚稽山，与单于遭遇。匈奴以八万骑兵围攻李陵。经过八昼夜的战斗，李陵斩杀了一万多敌兵，但由于得不到李广利主力部队的支援，兵残粮绝，不幸被俘。

李陵兵败的消息传到长安后，武帝本以为他已战死，后却听说他投降了，愤怒万分。满朝文武官员察言观色，趋炎附势，几天前还纷纷称赞李陵英勇，现在却附和汉武帝，指责李陵。

汉武帝询问太史令司马迁的看法，司马迁一方面安慰武帝，一方面也痛恨那些见风使舵的大臣，尽力为李陵辩护。他认为，李陵平时孝顺母亲，对朋友讲信义，对人谦虚礼让，对士兵有恩信，常常奋不顾身地急国家之所急，有国士的风范。司马迁痛恨那些只知道保全自己和家人的大臣，他们如今见李陵出兵不利，就一味地落井下石，夸大其罪名。

司马迁对汉武帝说："李陵只率领五千步兵，深入匈奴，孤军奋战，杀伤了许多敌人，立下了赫赫功劳。在救兵不至、弹尽粮绝、走投无路的情况下，仍然奋勇杀敌，就是古代名将也不过如此。李陵自己虽陷于失败之中，而他杀伤匈奴之多，也足以显赫于天下了。他之所以不死，而是投降了匈奴，一定是想寻找适当的机会再报答汉室。"司马迁的意思是，贰师将军李广利没有尽到自己的责任。

司马迁的直言触怒了汉武帝。汉武帝认为他是在为李陵辩护，讽刺劳师远征、战败而归的李广利，于是下令将司马迁打入大牢，处以宫刑（这是种极其残暴的刑法，敲碎受刑者的睾丸。据说刑后之人常常浑身腐臭，所以又称腐刑。受刑者的人身和人格均遭受巨大的侮辱，往往在服刑前自杀）。这酷烈的刑罚毁了司马迁的身体，却没有毁掉他的意志和理想。他经过极其痛苦的思考，坚强地挺立起来，写就了中国历史上第一部"史家之绝唱，无韵之离骚"（鲁迅语）的，永远光耀民族春秋的《史记》。

司马迁被刑出狱之后，为中书令，职掌领导尚书出入奏事，是宫廷中的机要职务。这年司马迁五十三岁。他有个朋友任少卿，名安，荥阳人。曾任益州刺史、北军使者护军。他此时写信给司马迁，叫他利用中书令的地位"推贤进士"。过了很久，司马迁才回信。这是武帝太始四年（前93）十一月的事。当时，任安正因事下狱，状况危险，所以书信中虑及任安的死。不过，任安被汉武帝赦免了，又过了几年，任安在任北军使者护军的时候，因为涉嫌卷入了皇家的内争，终于被武帝杀死。司马迁的这封《报任安书》就被抄个正着。五十八岁的司马迁从此在历史上"失踪"了。他的死因就成了两千多年来学者探讨不休的问题。但是这封信让司马迁的精神成为两千多年来，照亮中华民族一代代正直文人灵魂的月亮。

在这封信里，司马迁以极其激愤的心情，申述了自己的不幸遭遇，抒发了内心的无限痛苦，大胆揭露了汉武帝的喜怒无常，刚愎自用，提出了人固有一死，或重于泰山，或轻于鸿毛的生死观，并表现出了为实现可贵的理想而甘受凌辱，坚韧不屈的战斗精神。感情真挚，语言流畅，具有强烈的艺术感染力。

他说：自己之所以忍辱负重，不在领受宫刑之前死去，是因为有完成"究天人之际，通古今之变，成一家之言"史书的理想。这个理想远超过肉体的刀锯之痛、名誉被损、人格受辱之苦。他把忍辱而生视如泰山；他列举了先贤经挫折而坚韧不悔地实现自己理想的例子。那种慷慨豪迈之气，正可谓泣鬼神而惊天地。在这封信里，他宣称，自己的杰作《史记》一百三十卷业已完成，似乎想借此向天下宣告一切谣诼、一切轻蔑，一切侮辱，都将在他的《史记》面前崩溃。《史记》将使他写的事件、人物失去一切面纱，真伪立显。这封信是他淋漓尽致的自白书，是正直坦然的宣示，是忠于真实、拥戴真理的檄文。

他的业绩完全符合古代伟人的标准：立功、立德、立言。他的《史记》，是两千年来史学、文学、戏剧题材的经典和仓廪；他为理想而忍辱奋斗的意志，秉笔直书、不为尊者讳的品德，让后人想来就要潸然。而他的许多名句，成为中华民族语言宝库中的美玉。

朋友们，无论顺利还是挫折，都想想司马迁吧，他会引你走向正直坚强！

余平夫

# 木兰从军

## 《木兰辞》

唧唧复唧唧，木兰当户织。

不闻机杼声，惟闻女叹息。

问女何所思，问女何所忆。

女亦无所思，女亦无所忆。

昨夜见军帖，可汗（kè hán）大点兵，

军书十二卷，卷卷有爷名。

阿爷无大儿，木兰无长兄。

愿为市鞍马，从此替爷征。

东市买骏马，西市买鞍鞯，

南市买辔头，北市买长鞭。

旦辞爷娘去，暮宿黄河边，

不闻爷娘唤女声，但闻黄河流水鸣溅溅（jiān jiān）。

旦辞黄河去，暮至黑山头，

不闻爷娘唤女声，但闻燕（yān）山胡骑（jì）鸣啾啾。

万里赴戎机，关山度若飞。

朔气传金柝（tuò），寒光照铁衣。

将军百战死，壮士十年归。

归来见天子，天子坐明堂。

策勋十二转，赏赐百千强。

可汗问所欲，木兰不用尚书郎；

愿驰千里足，送儿还故乡。

爹娘闻女来，出郭相扶将；

阿姊闻妹来，当户理红妆。

阿弟闻姊来，磨刀霍霍向猪羊。

开我东阁门，坐我西阁床，

脱我战时袍，着我旧时裳，

当窗理云鬓，对镜贴花黄。

出门看伙伴，伙伴皆惊忙：

同行十二年，不知木兰是女郎。

雄兔脚扑朔，雌兔眼迷离；

双兔傍地走，安能辨我是雄雌？

　　花木兰，一位中华民族妇孺皆知的女英雄，如今，她英名远播，在全世界传颂。她的名字最早出现在一篇距今一千多年的北朝时代的民歌《木兰辞》（也称《木兰诗》）中。木兰替父从军的故事，她英武又温婉，谦和而坚守大义的形象如星如月高悬在中华文明的天空。一代又一代中华子孙仰视着她，奉上虔诚的敬意。

　　中华民族历来崇敬先贤，对先贤有着明确的标准，这就是"立功、立德、立言"，对民族有大功伟业，为民族道德树立楷模，在哲学、伦理、科学等方面有流传永世的思想或作品或发明创造，促进中华文明的进步和发展者，才会受到和历史一样长久的尊崇。

　　花木兰的形象集中了中华民族最优秀的品格：她忠于祖国，又孝顺父亲，疼爱姐弟，勇担重任，杀敌卫国，居功至伟，却婉拒官职，回归故里，重新过那中国普通百姓最心迷的田园生活。这是中华文明千百年来理想的祥和的日子（这种日子也曾受到西方哲人的由衷赞美）。她是中华优秀传统伦理价值观"孝悌忠信"的楷模，兼具男子汉和好姑娘、战士与淑女的双重美德，几乎是完美人格的化身。所以她的形象千百年来始终活在人们心中，令人喜爱。

《木兰辞》收在宋人郭茂倩（1041—1099）编辑的《乐府诗集》中，历来为文学界所推崇，和《孔雀东南飞》并称为"乐府双璧"，犹如说它们是古代乐府体民歌光芒永存的两块玉璧。

对于《木兰辞》的作者和写作年代，以及花木兰是否确有其人，或者真实的花木兰其籍贯、姓名、生活年代，学界众说纷纭。其实，一般读者不必斤斤于这些繁琐的学问，把她作为一个成功的文学形象来学习、品位、思索，就可以获得丰足的成果。反复阅读这优美的诗歌，她的英姿就会出现在你的面前。

花木兰生活的年代，理想的生活方式是男耕女织、自给自足、父母康健、弟兄和睦、婚姻和谐、夫妻相敬。但那时，在北方又是各民族相互征战、彼此融合的岁月。平静的日子常被战乱所打断，国家征召士兵自备战马、兵器保卫国家。在父亲衰老、小弟年幼、姐妹不武的情况下，木兰替父从军，为国为家，忠孝两全，即使在今天，在将来，也是一种令人尊敬的义举。她急急筹办武器装备、日夜兼程赶赴战场、英勇杀敌的场面，写得生动豪壮，节奏快速，和诗篇开头"唧唧复唧唧，木兰当户织"的平静田园生活形成鲜明的对比。而当木兰凯旋，家人团聚，友朋惊喜，又写得欢畅活泼，在乐观喜庆的气氛中终篇，不仅表达了对木兰的敬意，也抒发了对理想生活的追慕。

须知，当时诗篇是必须吟唱的。可以想见，这首诗，当初必定会是一首极动听的歌曲，兼有舒缓优美又急切紧张，转而快乐悠扬且华美的旋律，可惜，今天我们无法再听到乐府民歌原汁原味的歌声了。

这真是个遗憾。

如果有一本将精致和鲜活融为一体的《花木兰》画册，就会填补某种遗憾，你虽不能听，却可以看。让花木兰从文字中站起来，成为一个鲜活的人物，走到你的面前，飞入你的心中，成为你永远心仪的英雄。人的一生，总会有一个或几个始终景仰的榜样，花木兰应当是其中之一。

舒扬

# 玄奘取经

佛教早在汉代就传入中国，魏晋时期得到很大的发展。隋唐时派别林立，经卷繁杂，菁芜混在。这时亟需一位能拨乱反正的高僧，将深邃的佛法真经取回，在中国发扬光大。这个思想文化交流的重担，历史地落在玄奘的肩头。

玄奘（602—664），俗姓陈，名祎，河南洛州人。十三岁出家，法号玄奘。他精通许多佛教经典，但仍不满足，决心到佛教的发源地天竺求法取经，以救正中原庞杂、错讹的佛经与注释，但是没有获得唐太宗的允许。贞观三年（629），长安发生饥荒，玄奘乘唐太宗允许灾民四出就食的机会，混在灾民中，出长安，踏上求法取经的漫漫长路。

他历尽艰难险阻，几次命悬一线都以坚韧的毅力战胜人为和非人力所及的艰险，九死一生终于到达目的地。当时的天竺分为东西南北中五部，玄奘遍历五天竺寻师求学，获得广博的佛学知识，成为当时最有学问的十名高僧之一。

贞观十五年（641）正月，在天竺举行了一次全天竺的佛教学术辩论大会，参加者达十几万人，公推玄奘为"论主"（主持人）。大会连续十八天，玄奘精深的学问、虔诚的心态、雄辩的口才受到全体与会者的拥戴，在万众欢呼声中，他被拥上大象背上的华座，巡行会场一周，并被大乘教派奉为"大乘天"；被小乘教派奉为"解脱天"，这是至高无上的美誉。

玄奘于贞观十九年（645）携带六百五十七部佛经、大批佛像及南亚花果种子回到长安，受到唐太宗及群众的热烈欢迎。一心取法的玄奘谢绝了唐太宗的封赏，开始了十九年的译经伟业。他第一个将天竺译为"印度"，即"月光照耀之地"。月光是佛法中极具诗意的象征，是说佛理就像澄明的月光一样浸润着世界和人类的心灵。玄奘译出了佛经、论七十五部，一千三百三十五卷，共计一千三百多万字。还将他行程五万里，历时十七年，西行取经的所见所闻，口述实录成《大唐西域记》。

公元 664 年（唐麟德元年）二月，六十二岁的玄奘完成了他的伟业，于玉华宫内涅槃。安葬时，一百多万人在长达五百里的路上为他送行。

在盛世之时，玄奘就忧心于民族精神的空乏，决心以个人不可动摇的壮举为属于自己的民族，属于自己的世界，寻求信仰和精神力量。他虔诚的心灵、百折不回的实践及其将真理撒向众生的精神，无论如何都是值得永久崇敬的。

玄奘从印度取回的佛教典籍，藏于长安弘福寺。佛教东渐，中心逐步移向中国。基督教与伊斯兰教也在此时传入中国。各国的文化在此时渐渐与中华文化相融，不少甚至演变为中国的"土产"，如西域的果品、乐器，波斯的织锦，印度的雕塑，朝鲜的医书、药材等等。

儒、释（佛）、道，成为中华传统文明的核心，三足鼎立，此消彼长，在历史的长河中共同前行，并且不断融合优秀的外来文明，使得中华文明在与时偕行的过程中，不断愈益丰满。那些吸收外部优秀文明的先行者的功绩和美德应当在青史中永放光辉。玄奘就是这样伟大的先贤……

舒扬　改写

# 直言不讳

中国古代有句老话，叫做"武死战，文死谏"。"武死战"，是说身为武将，要不惜性命为国家效力，哪怕战死在疆场；"文死谏"，则指文官在关乎社稷生死存亡的危急关头，要敢于直言上疏，即便因此获罪致死也在所不辞。

不过，这种话说起来容易，真正能够做到，可就绝非易事了。

晋武帝司马炎统一天下，结束了约一个世纪的战乱割据局面，具有一定的历史功绩。但是，他在治国理政方面却纵容腐败，在宫廷生活方面骄奢淫逸。

高级士族刘友、山涛、司马睦、武陔四人巧立名目，霸占了大片官家土地，被人上奏告发。按说，司马炎理应依照朝廷刑律处置，但他却怯于这些人在地方上盘根错节的权势，衡量再三之后，决定只对地位最低、势力最小的刘友进行惩戒，下诏将刘友处死，其他三人却安然无恙。换言之，充其量只玩了个杀鸡给猴看的把戏。这种纵容腐败、包庇犯罪的做法，到头来只能使贪官们得寸进尺，甚而更加有恃无恐，为所欲为。

西晋初年，司马炎还公布了所谓的"庇荫"制度，就是凡家中有人官升至一定等级，其亲属就可以免交租税并免服徭役；而且官做得越大，所获庇荫时间越久、范围越广，最高甚至可以惠及九族，即上起高祖，下至玄孙，毫无顾忌地推行所谓"礼不下庶人，刑不上大夫"的腐朽制度。

为了搜刮民脂民膏，司马炎延续东汉的做法，在朝中卖官鬻爵，惟所不同的是，东汉卖官所得钱财要统归国库，而西晋卖官得来的钱财则全归皇帝个人所有，以供其无度挥霍。

在生活方面，司马炎更加穷奢极欲，表面上是为纪念祖宗而动用全国财力修建太庙，实际上却是为供自己享用。当耗资无数的太庙建好之后，国力已经衰竭。其宫女人数高达近万名，奢靡程度可想而知。

正所谓"楚王好细腰，宫中皆饿殍"，同时也应了那句话：上有行者，下必效之。皇帝带头奢侈腐化，下面的大臣们也就纷纷仿效。比如，太尉何曾肆意搜刮民脂民膏，连家里的门帘、车棚都用上等丝绸做成，而每天所食山珍海味的花费竟高达上万钱。

以司马炎为代表的西晋统治阶级如此放纵胡为，不单令老百姓深恶痛绝，也激起朝内一些正直的有识之士的不满与抗争。其中有一位，就是司隶校尉刘毅。

刘毅出身于汉朝宗室，曾在平阳太守杜恕那里做功曹，就是协助太守考核政绩、记功用人的内务官员。刘毅性情耿介，为人公正，办事认真。在任期间，他刚正不阿，恪尽职守，在对太守属下的所有官吏进行认真考核之后，既推荐选拔了一些贤能之人委以重任，又罢免裁撤了无能之辈。

短短几年，他相继罢免了一百多名人浮于事的闲散官吏，深得百姓的拥戴与信任。当时，民间甚至曾有这样的说法："我们都听说平阳有个刘功曹，倒没听说有个杜太守。"由于刘毅政绩卓著，很快被破格调任进京，官至司隶校尉，负责京城的治安保卫工作。

刘毅做了司隶校尉，便经常有机会陪皇帝外出巡查或祭祀，且深得司马炎的信任。一次，威严隆重的祭祀活动结束后，踌躇满志的司马炎得意洋洋地问刘毅："你看我像哪个汉朝皇帝？"

其实，司马炎话里有话，觉得自己统一天下可以与汉高祖或汉光武帝媲美，只不过想通过刘毅的嘴转告群臣而已。当时的刘毅对朝廷内外的虚浮风气一直不以为然，早就想找个合适的机会向皇帝直言不讳地进谏。所以，他此刻就大着胆子回司马炎的话说："我看陛下与东汉的桓帝与灵帝可有一比。"

桓帝与灵帝都是东汉末年的皇帝，既无定国安邦之策，又无励精图治之志，除了卖官、增税、大兴土木及犬马声色之外，毫无建树。刘毅这样直言回答，令随行的官员大惊失色。

但见司马炎很不高兴地说："寡人之德虽比不上古代的圣人，但毕竟想做一个贤君，况且我又平定了东吴，统一了天下。你拿我跟桓帝与灵帝相比，未免太不恰当了吧？"

谁知刘毅当着众臣的面，不但没有退缩，反而更加直言不讳地说："陛下，桓帝与灵帝卖官还能把得来的钱放在国库里，可您却藏于私囊，从这一点看，您可能还逊于他们二位呢！"

继而，借着这个话头，刘毅慷慨陈词，历数朝中弊政，直谏司马炎要远小人，近贤臣，修德政，除弊端，这样才能够得到像汉高祖或汉光武帝那样的声望等等。

这些话显然令司马炎怒火中烧，但刘毅所言也的确是人所共知的事实，想到刘毅敢于发出此言，毕竟是出于对自己的忠心，是对朝廷竭忠尽智，于是，司马炎为了给自己找个台阶下，也为了显示宽宏大度，只好当着群臣的面哈哈大笑起来。他说："刘毅所言极是，但也有不对的地方。桓帝、灵帝的时候，恐怕听不到这种直率的意见和建议，如今刘毅在这种场合都敢直言不讳，至少说明我跟桓帝、灵帝还是有所不同啊！"

司马炎到底是位开国皇帝，总还有些韬略，为了收买人心，也为了显示出宽广的胸怀，他不但没有因此怪罪刘毅，而且还一直加以重用。

　　刘毅直言不讳的精神和风骨说明，即使为了维护封建制度，也总有有识之士在关键时刻敢于站出来说话。这种可贵的品格在今天，尤其具有振聋发聩的特殊意义。

张冠宇

# 于谦两袖清风

　　于谦是明朝著名的民族英雄。他一生建树颇多，其中最伟大的功绩，是在明英宗正统十四年（1449）秋冬之际，领导了北京保卫战，打退了蒙古瓦剌部的进攻。

　　当年七月，瓦剌部首领也先率军入侵明朝，明英宗亲统五十万大军迎敌，在土木堡（今河北怀来东）被瓦剌军队包围，全军覆没，五十多名大臣死于阵中，连英宗本人也做了俘虏。也先得胜后长驱直入，扑向北京。消息传来，举朝惊恐，徐珵等人建议南迁都城，整个北京人心惶惶，不少人纷纷逃离。于谦其时任兵部左侍郎。他慷慨激昂，痛斥徐珵等人的谬论，主持拥立英宗之弟郕王为帝，安定人心；迅速任用一批得力将领，将京中剩余兵马布置在北京的九个城门，自己亲督明军主将石亨，分守面对蒙古军主力的德胜门；同时调动周边地区的兵马向北京集结"勤王"。

　　蒙古军队刚到北京城下，于谦即命令明军主动出击，并申明军法：将领不顾士兵而先退者，斩将领；士兵不顾将领而后退者，斩士兵；前军退却者，后队斩前队。将士们都知道必须决一死战，因此奋勇向前，杀声震天，北京的老百姓也在城头上呐喊助威，并向蒙古军投掷火把、石块。在明朝军民的猛烈抵抗下，蒙古军辗转进攻几座城门，皆不能得逞，又得知四面明军正在向北京集结，担心被围歼，因此仓皇退去。

　　于谦领导的这场北京保卫战，不仅保住了明朝的首都北京，而且也保住了整个明朝的江山。如果不是他中流砥柱，力挽狂澜，北京城以至整个明帝国将遭受一场浩劫，明朝以至整个中国的历史也要改写了。特殊的历史关头，呼唤特殊的历史人物，发挥特殊的历史作用。于谦就是这样的人物，他就发挥了这样的作用。

当满朝文武惊慌失措，乱了方寸之际，于谦为何独能镇定自若，保持清醒，把握全局，迅速做出正确的决策？我认为，最重要的是于谦无私！无私则无畏，无畏则神思不乱。于谦自幼即立下公忠报国的远大志向。在考中进士踏上仕途后，他时时处处为朝廷和百姓着想，不计较个人的荣辱得失。他无私无畏的品格是一以贯之的，正因为如此，他才会在特殊的危急关头大放光华。下面只谈他一生中的三个细节，以见他的这种伟大品格。

在入朝担任兵部左侍郎之前，于谦曾以兵部右侍郎衔巡抚河南、山西十八年。这两省那些年间水灾、旱灾频仍，于谦兢兢业业，常年奔波在所属州县，查勘灾情，救济灾民，考察下级官员的廉贪勤惰。他有一首题为《上太行》的诗，就描写了当时的经历：“西风落日草斑斑，云薄秋空鸟独还。两鬓霜华千里客，马蹄又上太行山。”

当时，朝廷中有杨士奇、杨荣、杨溥等一班比较正直的元老主持朝政，都很了解和重视于谦，所以于谦还能有所作为。但官场中的陋习，无处无时不在。当时在地方上任职的官员到京城去述职，都必须带上本地的各种特产，送给朝廷中有权有势者和相识的人，以拉拢关系。河南、山西当然也有一些蘑菇、线香之类的特产，但于谦担任巡抚长达十八年，都以两省地贫民穷为由，每次进京都是空着口袋去，权贵们不能不感到失望。

于谦在一首题为《入京》的诗中写道：“绢帕蘑菇与线香，本资民用反为殃。清风两袖朝天去，免得闾阎话短长。”他何尝不知道官场的潜规则，何尝不知道这迟早会给自己带来麻烦？但他为了不剥夺百姓，为了维护自己的人格，仍然坚持自己的原则。果然，在"三杨"去世后，宦官王振掌握了朝廷大权，因于谦曾经顶撞过他，加上另外一些官员的诋毁，于谦被诬蔑因长期不升职而不满，擅自举荐人代替自己，被捕下狱。后来，事实调查清楚了，于谦被放出来，但仍遭到降职处分。

于谦在主持北京保卫战时，升任兵部尚书，随后又封少保，总督兵务，成为朝廷中最重要的大臣。景泰皇帝对他极为倚重，不断给予赏赐，但于谦表示，国家遭受危难，是臣僚的耻辱；为国家排除危难，是臣僚的职责，因此他每次都一再推辞。自土木堡之变以后，他就经常住在朝中值班的地方，很少回家。身为元老大臣，他居住的房子仅仅能够遮挡风雨。皇帝赐给他西华门的府第，他坚决推辞，皇帝不准，于是他把皇帝赏赐的玺书、袍服、银锭之类全部封好，写上说明放到那里，只是每年去看一看，仍住在原来的房子里。后来，于谦在皇室内部的皇位争夺中遭到诬陷被杀，抄家的时候，家里没有多余的钱财，只有正屋关得严严实实，打开来看，都是皇上赏赐的东西，他从来没有使用过。

于谦的夫人先他去世。由于长年紧张操劳，他的身体也不好，患有痰疾，平时生活极为简朴，并不是不需要人照料，但他伉俪情深，不再续娶。景泰帝经常派太监兴安、舒良前往探望，不断送给他各种生活必需品，连酱、醋也送过去，甚至亲自到紫禁城后面的万岁山砍竹子，取青竹沥送给他治病。

官位、财富、女人，古往今来，多少当官的人整天都在处心积虑谋求这些东西，很多人也都倒在了这几道关下，身败名裂，于谦却能完全抵御这些东西的诱惑，因此心正身正，一心一意为朝廷出力，为百姓办事，成就了自己的伟大。

　　于谦有一首很有名的诗，题为《石灰吟》："千锤万凿出深山，烈火焚烧若等闲。粉骨碎身浑不怕，要留清白在人间。"过去，人们都把这首诗归到于谦名下，但于谦诗文集的早期版本中并没有收这首诗。现在已有学者考证，早在元末明初的文献中就有了这首诗，它很可能是宋末元初的高僧释信忠禅师的作品，是用来比喻佛教修炼的，因此基本可以肯定不是于谦所作。后来，人们之所以将它归到于谦名下，也许是于谦曾经与此诗产生共鸣，题写过它。但更大的可能，是因为人们觉得它与于谦的品德相吻合。其实，于谦写过一首《咏煤炭》，立意与《石灰吟》差不多："凿开混沌得乌金，蓄藏阳和意最深。爇火燃回春浩浩，洪炉照破夜沉沉。鼎彝元赖生成力，铁石犹存死后心。但愿苍生俱饱暖，不辞辛苦出山林。"从中，我们不难读出于谦高尚的志向和博大的胸怀。

廖可斌

# 林则徐禁烟

1839 年 6 月 3 日，广东，虎门。

堤岸边人山人海。大清士兵刀枪在手，火枪在肩，虎视眈眈围住几个巨大的石砌大坑。坑里码放着二百三十七万斤从英国毒贩子手中缴获的鸦片。人们都在静静地等待，只听见风吹旗帜声，浪拍闸板响。接着，一队上缴了鸦片，做了永不贩卖鸦片具结的英国毒贩子低头哈腰地被士兵引到坑边的观礼台下。人们开始骚动，纷纷指骂那些毒贩子。

这时一声锣响，一阵号角低沉的长鸣，伴着高亢的喊声："肃静！特命钦差大臣，林大人到！"林则徐威严地走上观礼台，在欢呼声中环视周遭，用一口福建腔的官话，坚定有力地说："本大臣奉旨禁烟，此乃国家命脉所系。君命如天，则徐以命相许，肝脑涂地，与众父老同胞，戮力同心。鸦片一日不除，则本大臣一日不归！"礼炮、号角、欢呼声立刻响起。林则徐一挥手，销烟指挥官高声命令："开闸放水——销烟！"随即几个士兵摇动闸柄，巨大的闸板提起来了，水头汹涌着奔向和生石灰块垒在一起的鸦片袋，顿时冒起一个个水泡，发出巨大的吱吱的声响，宛如毒贩子的哀号，或者是民众心中爆发的愤怒。岸边群众的喊叫和欢呼，把这中国近代史上最激动的画面之一，送上了浩浩长空。

蓝天记得，白云记得，世界上第一个以君王的名义向外民族武装贩卖毒品的毒贩子将永远被钉在历史的耻辱柱上，而第一个以民族和国家的名义全力禁烟的中华民族的代表林则徐，将永远地活在人类禁毒史的前页！光荣啊！林则徐！

林则徐（1785 年 8 月 30 日—1850 年 11 月 22 日），福建侯官（今福建福州）人，字符抚，又字少穆、石麟，晚号俟村老人、瓶泉居士等等。中国清朝后期的政治家、思想家和诗人。官至一品，曾任湖广总督、陕甘总督和云贵总督等职，两次受命为钦差大臣，因主张严禁鸦片、抵抗西方的侵略、坚持维护中国的主权和民族利益深受全世界中国人的敬仰。史学界称他为近代中国"开眼看世界的第一人"。

1838 年 9 月 20 日，湖广总督林则徐奏陈严禁吸食鸦片，痛陈：倘鸦片不除，长此以往，则国将无可征之兵，无可用之饷，国将不国。道光皇帝遂命他为特命钦差大臣，主持禁烟事务。

虎门销烟，轰动中外。林则徐不惧英国"船坚炮利"，率广州军民痛击武装的毒贩子，翻开了中国近代史上反抗外来侵略的光辉一页。但昏庸的清王朝迫于英军的武力威胁，慌忙下旨流放林则徐，又与英军谈判，签订了中国近代史上第一个卖国条约《南京条约》。1842 年夏，林则徐踏上流放新疆伊犁的戍途。秋初，他在西安与夫人郑氏道别，吟道："苟利国家生死以，岂因祸福避趋之。"将以身许国、不计个人荣辱的志气展示人间。

林则徐的好友魏源坚决支持禁烟活动，提出"师夷长技以制夷"的主张。魏源在林则徐主持编译的《四洲志》的基础上扩充编写，于1842 年写成五十卷的《海国图志》，后扩为六十卷，1852 年又扩为一百卷。

这是中国人自己编写的介绍各国情况的里程碑式的划时代的巨著。它打开了封闭百多年的国门，对开启民智具有极大的意义，并对日本的"明治维新"产生了良好的影响。

当魏源赶赴京口（今江苏镇江）与北上充军的林则徐会面时，江

风白月，对酒无言，相看通宵，依依惜别。他感叹林则徐空有屠龙之志，未能一伸抱负，但仍坚持寻求良药良策，再来救国救民的精神。魏源的感喟，正是一切爱国知识分子的共识。

舒扬　改写

# 张自忠尽忠报国

张自忠（1891—1940），字荩忱，山东临清人，是中国军队在抗日战争中牺牲的职务最高的将领，也是第二次世界大战反法西斯阵营中战死的军衔最高的将领。

1931 年，日军发动"九·一八事变"后，继续向中国南部进犯。张自忠为前线总指挥，率第 29 军抗击向长城各要塞进犯的日军，他率部队在喜峰口到罗文峪一线与日军血战四十余日，取得一次次胜利。

1937 年，卢沟桥事变爆发后，张自忠被任命为第 59 军军长。他在奔赴战场前对部下训话："我等中国军人为国尽忠乃为天职。"他激动得热泪盈眶，对全体官兵痛哭发誓："今日回军，除共同杀敌报国外，是和大家一同寻找死的地方！"

1939 年 5 月，日军分两路大举进犯鄂北的随县、枣阳地区，企图围歼第 33 集团军。张自忠派正面部队进行死守，并火速调派两个师迂回到日军后方，对日军进行两面夹击，粉碎了日军的企图，并一举收复枣阳、桐柏等地区，史称"鄂北大捷"。同年 12 月，日军又集中大量兵力向驻守长寿店地区的第 33 集团军 132 师等部阵地发起进攻，双方激战七天七夜，132 师阵地多次被突破。张自忠决定用奇兵打击日军的神经中枢，调第 132 师 359 团于夜间绕道偷袭日军设在钟祥县的总指挥部。部队临行前，张自忠鼓励将士们说："国家养兵就是为了打仗，打仗就会有伤亡。人总是要死的，多活二十年少活二十年转眼就过去了。但死有重于泰山，有轻于鸿毛，为国家为民族而死就重于泰山，否则轻如鸿毛。"在张自忠的激励下，奇袭部队一举端掉日军的总指挥部。进攻的日军惊闻老巢被端，陷入极度慌乱之中，张自忠指挥部队趁势发起猛攻，打得日军狂退六十里。

1940年4月，日军再次集中三十万兵力进犯鄂北的随县、枣阳地区。中将军衔的张自忠亲率仅剩的两个团加总司令部直属特务营渡河作战。5月1日，张自忠亲笔谕告所部各将领："看最近之情况，敌人或再来碰一下钉子，只要敌来犯，兄即到河东与弟等共同去牺牲。国家到了如此地步，除我等为其死，毫无其他办法。更相信，只要我等能本此决心，我们国家及我五千年历史之民族，决不致亡于区区三岛倭奴之手。为国家民族死之决心，海不清，石不烂，决不半点改变。愿与诸弟共勉之。"

5月6日晚，张自忠又亲笔给副总司令冯治安留下临阵遗嘱，进一步表明了以死报国的决心。书中说："因为战区全面战事之关系，及本身之责任，均须过河与敌一拼，现已决定于今晚往襄河东岸进发，到河东后，如能与38师和179师取得联络，即率两部不顾一切与北之敌死拼。设若与38师和179师取不上联络，即带三个团，奔着我们最终之目标（死）往北迈进。无论作好作坏，一定求良心得到安慰，以后公私均得请我弟负责。由现在起，以后或暂别，或永离，不得而知。"

"风萧萧兮易水寒，壮士一去兮不复还"。张自忠率两个团和一个特务营共两千余人东渡襄河后，一路奋勇进攻，在方家集将日军第13师团拦腰斩断，日军遂以优势兵力对张部实施围攻。张自忠面对人数比他多一倍半的日军毫不畏缩，多次指挥部队向日军冲杀，但因寡不敌众被迫退入南瓜店十里长山。5月16日下午2时，张自忠身边只剩下高级参谋张敬和副官马孝堂等八人，他掏出笔向战区司令部写下最后近百字的报告，交给马孝堂并留下遗言说："我力战而死，自问对国家对民族可告无愧，你们应当努力杀敌，不能辜负我的志向。"激战中，张自忠被日军机枪子弹击中倒在血泊中。为了不让日军俘获，他举枪自戕。一代名将，壮烈殉国。

　　蒋介石惊闻张自忠殉国后，立即下令第五战区不惜一切代价夺回张自忠的遗骸。继张自忠任第59军军长的黄维纲率部再渡襄河，与日军展开了激战，终于在方家集寻得英烈坟墓，开棺将忠骸起出，重殓后将其运往重庆。灵柩运到重庆时，蒋介石率全体军政委员前往码头迎接，并为之举行了国葬。冯玉祥亲自为张自忠题写了"张上将自忠弟千古荩忱不死"的题词。延安也举行了隆重的追悼大会，毛泽东题写了"尽忠报国"的挽词，高度颂赞张自忠为国捐躯的精神和他的丰功伟绩对全国同胞抗日热潮的激励作用。新中国建立后，张自忠将军又被评为为人民解放事业立下丰功伟绩的一百位英烈之一。他将永垂青史！

舒扬　改写

# 歌唱二小放牛郎

"牛儿还在山坡吃草，放牛的孩子却不知哪儿去了……"

抗日战争时期，在河北省涞源县出现了一位全国闻名的抗日小英雄，他的名字叫王二小。王二小牺牲时才十三岁。在日本鬼子扫荡一条山沟的时候，为了掩护几千名老乡和干部，他不顾自己的生命危险，把敌人带进了八路军的埋伏圈。气急败坏的日本鬼子把王二小挑在枪尖摔死在大石头的上面。干部和老乡因此脱离了危险，英勇牺牲的王二小的事迹很快传遍了解放区，每一个老乡都含着眼泪，歌唱二小放牛郎，《晋察冀日报》在头版报道了王二小的英勇事迹。晋察冀边区的文艺战士方冰和劫夫很快创作了著名的儿童歌曲《歌唱二小放牛郎》。

抗日战争是中国历史上唯一一次全民族奋起抵抗外民族侵略的战争。面对亡国灭种的危险，中国人民进行了殊死的斗争。王二小就是这些英烈中的一位少年代表。他尽忠报国的美德，光耀青史。培育了王二小的民族，必会克服一切艰难险阻，"万众一心，冒着敌人的炮火，前进，前进，进"！无往而不胜！

舒扬　改写

# 八旬"愚公"义务修路二十载

　　崎岖的道路，挥舞着铁锹，细心平整道路，头发虽全都斑白，但精神矍铄，眼神坚定异常，他就是莱州市郭家店镇贾家村的贾正义——一位二十多年义务修路的"愚公"。

　　郭家店镇贾家村位于莱州市东南山区，地形复杂，交通不便，路况恶劣。每逢下雨，土路被冲出一条条"水沟"。1990 年，贾正义退休，为了让道路平坦、安全一些，主动承担起村里通往外界的三条总长十三公里道路的养护工作。

　　为了修路，有时候贾正义凌晨 3 点半就起床了。他四处搜集沙石铺在路面上，再压实。为了疏导路面的雨水，老贾还在路两侧挖出了一条条排水沟。

　　没带工具时，他就用双手把土一点点填进去，再整平，两只手经常被划出道道伤口。二十多年来，用坏了多少把铁镐、铁锹，老贾已记不清了。经过他的修补平整，这些道路畅通、安全了许多。

　　他的工作与普通养路工一样，负责看护、修整坑洼不平的路面，确保道路畅通。但与其他养路工不同的是，贾正义所做的一切，没有一分钱报酬。

　　说起贾正义，本村以及附近村庄的村民都赞不绝口。有时候，老贾在修路时，许多拉石头的驾驶员从他身边经过，都会轻轻按一下喇叭，或从车窗里伸出大拇指，对汗流浃背的贾正义表示感谢，贾正义则朝他们挥挥手，俯下身子继续干活。

　　从 1990 到 2012 年，二十二年的时间里，贾正义的生活轨迹始终在这三条山路上徘徊，甚至连就在本市的女儿家都很少去。对于自己的儿女，贾正义毫无保留。但他二十多年来，却始终不敢让他们看到自己的双手。他说，自己的双手是对儿女们最大的秘密，也是唯一的秘密。

其实，让人心疼的还不止这些。贾正义的老伴五年间曾两次骨折，每次仅手术费就高达数万元；而贾正义五个儿子和一个女儿全部务农，生活贫困，但他不但没有向任何人索要过一分钱报酬，而且还经常捐献善款。截止到目前，贾正义累计捐出各类善款六千多元。

贾正义给自己花钱的时候总是很吝啬，舍不得穿好，舍不得住好，但别人遇到困难时，他总是会毫不犹豫地伸出双手慷慨相助。老人的儿女、老伴都通情达理，支持他的慷慨行为。

"现在的生活就是幸福了，咱要回报社会呀。说报答，嘴说不行，得有实际行动。一修路，二捐款，三教育下一代。"贾正义坚定地说。

风雨无阻，二十年如一日的执著，畅通了道路；贾正义用坚定的信念，用坚持到底的精神，用他的凡人善举，向人们昭示着普通中的崇高，平凡中的伟大。

宋坤之

# 浸透生命的草香

一对父女在德国一所大学的校园里散步。突然，父亲异常兴奋地告诉女儿说，他闻到了草香！与他们老家内蒙古大草原的草一样的香啊！

父女俩便被那不寻常的草香牵引着，朝着那芳香浓郁的地方一路走去，最后，他们看到了正在草坪上工作的割草机。

父亲问女儿，可还记得儿时在内蒙古草原上闻到的那草香？来自台湾的女儿懵懂地摇头。虽说她长到五岁的时候，还一直说蒙古语，但是，草香在她的记忆中却已了然无痕。

她说：真是奇怪了，台湾的草怎么就一点儿也不香呢？

后来，已届中年的她终于回到了魂牵梦萦的内蒙古大草原。当她走上绿毯般的草地，一股久违的草香扑面而来。她儿时的记忆陡然复活，德国校园里的草香也殷勤地赶来文饰了她真实的梦境。一时间，她醉在了那无与伦比的清香当中。

她仔细地观察，费心地猜度，试图弄明白究竟是什么原因使得德国校园里的青草与内蒙古大草原的青草有了同样的气息。

猛然间，她猜透了个中原因。

原来，世间几乎所有的草都是没有特殊气味的，只有当它被割断、折断的时候，才会散发出一种特有的香气。无疑，德国校园里的草香是割草机"制造"出来的，而内蒙古大草原上的草香又是怎么回事呢？那是因为，由于草原上的草无处不在，所有的鞋子都休想躲开，人一踏到草上，薄荷啦，熏衣草啦等植物的枝叶就被轻轻折断，那气味就从断口上散发出来，淡淡的草香便影子一般跟定了每一个在草原上行走的人，染香你的鞋，染香你的衣，染香你的心事……

——讲这故事的是台湾诗人席慕蓉。容貌酷似父亲的她，一边讲一边垂泪。她对采访她的曹可凡说："真是对不起，我一讲到这些就忍不住流泪。"

席慕蓉又提到了她小时候唱过的一首儿歌："一二三四五六七，我的朋友在哪里？在南京，在上海，我的朋友在这里。"一转眼，她的女儿也到了唱儿歌的年龄，那儿歌却变成了："一二三四五六七，我的朋友在哪里？在台北，在新竹，我的朋友在这里。"讲到这里，席慕蓉的泪水又涌了上来，只是不再是默默地流淌，而是变成了一无顾忌的抽噎了。

眉上锁着太多家国忧患的席慕蓉是那样迷恋赐予她生命的大草原啊！我读过席慕蓉评论蒙古族作家鲍尔吉·原野的一篇文章，她浓重的"草原情结"让人觉得煞是不可思议，让人觉得她恨不得把鲍尔吉·原野笔下乌云高娃、鲍尔金娜、阿斯汉等这些打着鲜明蒙古族戳记的人们一口吞下去才解渴。

席慕蓉苦苦追寻草香，其实也是在苦苦追寻那个灵魂漂泊无定的自我吧？她不也是被命运强行折断的一茎青草吗？借断口处的泪水说出一个无比苦涩的句子，用一缕微弱的香气眷顾轻抚生她养她的土地。灵魂的刀口，以永不结痂的愚顽提醒自己遥遥的来路和不肯瞑目的祈望。

——我所在处，皆是中国。一滴乡愁，滴在多情的宣纸上，一洇，就洇出了一个草香四溢的大草原。

张丽钧

# 一碗馄饨

　　三十多年前，我比现在年轻，有同样高涨的好奇心和精力。为了搜集素材，我去了日思梦想的江南古城。儒雅又清秀的 L 兄始终待我如兄弟。他是"江南秀士"的典范，钟爱他的古城犹如爱他的母亲。从他轻柔的语调里你会体味到一种绵韧的力量。他坚持不让我住时髦的宾馆，介绍我入住巷子里的小旅社。"这里才会有古城的风韵！大酒店，到处都一样的，一样的。"他说。于是，我住进了一所乌墙白瓦的庭院，叫做"凤竹别馆"。凤竹是有的，浴室也符合日本式的名称"别馆"：坐在小板凳上，用带柄的小木桶舀水浇身而洗，倒也颇具古风。这样洗过之后，周身畅快，肚里却叫个不停，原来是饿了。有凤尾竹的"别馆"，却没有餐厅，只好踅出门，去寻江南的"宵夜"。

　　正走着，忽听背后传来几声柔和如吴侬软语，却也清脆的木梆声。我急忙回头，却见另一位江南秀士般的小伙子，挑着一副竹担走在前面，他后面是位正轻敲木梆的老人。我看见那竹担前面闪着光，像是有火炉，上面必是有只锅子煮着什么美味。我停下脚，那老者走过来轻声问道："先生，侬馄饨要勿啦？"那语气好像在哄孩子，轻柔又充满诱惑力。

　　我仿佛受了魔力，也像他一样轻声说："要要要！正好！"

　　那小伙子放下担子，把扁担的两头架在两个木架上，成了一个窄长的板凳，让我坐下。这让我想起北京旧时街道、胡同里卖豆汁和馄饨的挑子，也是这样的"板凳"。老人看着小伙子包馄饨，下锅煮，轻声又严厉地说："慢点，水还没大开。"小伙子嘟囔着："水都滚开了

花。"但还是等了一下，才把馄饨下锅。又去在碗里放佐料：盐、虾子、紫菜……老人不错眼珠地盯着他，我不错眼珠地盯着老人。一碗香喷喷的馄饨摆在我的面前。老人又不错眼珠地盯着我。我的眼睛连同嘴巴却敌不住馄饨的香气，不再瞄着老人，只顾了享受那碗美食，直到抬起头来，我才看见老人那殷切的目光紧盯着我：

"先生，怎样，味道好勿好啦？"

"好好好，好极了！"我说。

"哪？哪？"小伙子说，"总是不放心，好像是什么了勿起格大生意。"

"侬小点声音。"老人呵斥道，"有人在困觉！"

小伙子嘟哝着："小声音，哪个晓得来买馄饨？"

老人拖着长音慢慢说："哎！这就是我讲的咱吴家的名声。街坊邻里都晓得无论春夏秋冬、风霜雨雪，夜里厢，11点半，准有吴家的馄饨挑子，在这条巷子里厢，走来走去。连那些住店的客人，只要住上三天，也会晓得。这凤竹巷，不能没有吴家的馄饨，没有吴家馄饨的巷子，不是凤竹巷！小子，侬要记得这规矩，祖祖辈辈，不管干什么，都要把这云吞挑子挑下去！"

"晓得啦！"小伙子说，"将来，我做了县长、市长，也回来半夜卖馄饨？！"

老人急了："当什么人，你都是凤竹巷子吴家馄饨的后人！"他又看着我，仿佛征求我的意见："您看……"

我说："您说得对。您看，他不是正在接您的班吗？"

小伙子说："他老是不信我。我现在正读夜大学，还得每天夜里跟着他卖一小时馄饨，谁让他是我爸！也是，我们这巷子没了我家的馄饨，就没了味道。我看出你是文化人，你说，没了味道的巷子，是不是就像没了文化？那还是中国的文化古城吗？"

　　我愣愣地站着，只有点头的份儿……

　　如今，L兄已经去往天国，他必是每夜站在云头俯视他的故国故乡，也会看见那巷子里依旧有那走来走去的馄饨挑子，挑过岁月，挑来四季，挑出不同的景色。而那浓得化不开的风韵，正悠悠地弥漫在流水和绿野中……

余平夫

# 六、有情世界

# 不能忘记的

出差回来，隔壁邻居一家搬走了，房子里空空荡荡的。可是，阿丽，我们还没有告别呢……

阿丽，是邻居家一条狗的名字。

这是条纯种的苏格兰牧羊犬，因为是母犬，它拥有着明显高贵和流畅的线条，体型很高大，却不失娇柔优雅。整个身体以白色为主，脸上和背部有淡黄色斑块，更像是晚霞那样金灿灿的黄。身上披着的长毛是丝状波浪形的，光洁柔顺。它安静友善，聪明勇敢，忠诚尽职，警觉性很高。眼睛里总是透着机敏，却从不睁圆，也不凝视，表情和目光相当温和，不论行动或静止都十分优美。

看着阿丽，每一部分都与其他部分及整体构成完美、和谐的比例，给人印象非常深刻。我从此认为，苏格兰牧羊犬是全世界最漂亮的狗，而阿丽又是这当中最美丽、最可爱的……

可是，就是这样一条温顺美丽的苏格兰牧羊犬，第一次见到它时，差点没把我吓得退到楼下。那是七年前，我刚搬新家，搬来时已经比其他住户晚了一年多。第一次去看房，就与警觉的阿丽相遇，对我这个从不与小动物交流的人来说，一瞬间全身收紧，有一种走进动物园的感觉。接着，来装修的工人也问，这是马吗？没见过这么大

的狗……

　　其实，我不敢与小动物亲近，尤其是不敢与狗接触是有原因的。

　　都知道，狗是人类最善解人意的朋友，狗非常依恋人。每当它看到你的时候，会把你当成好朋友，会主动亲近你，这让人感觉很舒服，心情很好。

　　同样，它也会协助人完成计划，照顾人的安全，帮助人，保护人，它是以依恋人为乐事，以得人欢心为目的。

　　正因为如此，我才不敢亲近它，怕的是，它与人产生情感后的那份相互依赖、一旦别离后的相互不舍和念念不忘！这样的例子不胜枚举，感触最深的是女儿小粽子的一次经历，那更坚定了自己绝不与狗相处的决心。

　　那是小粽子上小学五年级的时候，她姑姑家养了一条灰色的小狗，每次去姑姑家里，临走时总是依依不舍。见她喜欢小狗，姑姑便送来一条同事给她的刚刚会走路的白色小狗。

　　那天晚上，女儿的笑脸像盛开的花朵，一晚上都在笑。说来也怪了，那小狗跟她就像是非常熟悉的老朋友，前前后后只围着她一个人转，女儿走到哪儿，它就跟到哪儿。心里担心的一切，都在这短短的几个小时内得到了印证。为了最快地割断她与小狗之间的情感，我以会影响学习为借口，要她爸爸当天晚上就把小狗送回去，一刻也不能再留在家里！女儿哭得非常伤心，不住地恳求我，可我知道，这只小狗在家里再待一个晚上，也许我也舍不得送走它了。女儿夜里哭醒了，非说听见小狗在叫门。直到今年，她已在北京电影学院就读，还发短信向我提及此事：

　　"妈妈，还记得很多年前被你赶走的那条小狗吗？我到现在还经常想起它……"

"妈妈非常内疚，盼望它找了个好人家，像你一样喜欢它。"

确实，在这件事上，我觉得自己做得不对，伤害了女儿。

搬来几年，直到女儿赴京上大学，她与邻居家的阿丽朝夕相处，使她无比快乐，这多少也弥补了一点儿送走小狗带给她的伤害。只要我不在家，阿丽时常来屋里，静静地在一边看着她写作业。和她一起玩儿的时候，阿丽跳起来，能蹿一人多高，像一个挺拔美丽的少女。也许是知道我有些害怕，不太敢跟它亲近，每次只要听到我上楼的脚步，阿丽便赶紧跑回自己家。夏季，它喜欢卧在我家门前冰凉的地砖上，听到我回来，它会主动迅捷地闪身回家，从门里伸着头看我，直到我拿钥匙开门进屋，它才会再出来卧下。

现在，它离开了，我却始终忘不了它每次看我时的目光，那目光里分明写满了被冷落被拒绝时的伤痛与心碎……

阿丽，若再有机会做邻居，相信我们会成为好朋友。

秦佳凤

# 仙鹤飞舞的地方

> 北方飞来的仙鹤，
> 请到卡孜来做客。
> 这里的湖水最甜，
> 这里的青稞最多。
> ……

伴随着这优美的歌声，卡孜水库边的沼泽上空，几百只黑颈鹤时而起起落落，舞姿婆娑，时而一跃而起，化成一片祥云。整个天空都被鸟儿的翅膀遮住了……

今冬，西藏拉萨林周县卡孜乡已经下了好几场雪了。近十年来，北山上终于有了积雪，成群的黑颈鹤和斑头雁从雪山那头飞来，卡孜水库旁的沼泽地就成了候鸟越冬最理想的栖息地。

早晨，成群成群的黑颈鹤，迎着灿烂的阳光飞过田野。她们快乐的叫声，给卡孜乡的冬天增添了无穷的生趣。阳光下，林业局指派的黑颈鹤义务投食员顿珠，正在一边唱歌，一边往雪地里撒青稞。一群群黑颈鹤交替着落在小伙子身边，时而啄食他撒下的青稞，时而起舞欢鸣。洁白的雪地在金黄的阳光的衬托下，构成了一幅天地祥和的动人画面。

严冬时节，几千只黑颈鹤从北山那边飞来卡孜乡越冬。若它们越冬的食物告急，顿珠就会把青稞撒在田野里，让它们不再为食物担忧。这次他不仅仅是为了投食，昨天晚上县里告知说，发现几只黑颈鹤好像生病了。他一听急了，天不亮就拿着青稞赶到黑颈鹤惯常休息的地方。一看到黑颈鹤个个健康，他的心里就快乐地唱起了歌。

黑颈鹤成了顿珠生命的重要组成部分。虽然他家里正忙着收拾新房子，妻子还是心甘情愿承担起一切家务，不愿丈夫误了照管黑颈鹤的事。这对夫妻对黑颈鹤有种超乎寻常的感情。他们多次精心治疗和喂养伤病的黑颈鹤，直到它们恢复健康回归自然。

黑颈鹤飞走的时候，他们不知道它们飞到了哪里，可每年的这个时候，他们像等待远方的孩子一样，期待着黑颈鹤的归来。

　　　　　飞来吧，飞来吧，
　　　　　亲爱的仙鹤。
　　　　　展开你洁白的翅膀，
　　　　　轻轻飘落，
　　　　　……

　　　　　　　　　　　　　　　　　　赵中国　改写

# 转移中的两只老鼠

一户人家搬家时，发现墙角杂物堆里有两只老鼠。几个来帮忙的人齐声喊打，可突然又住了手。

大敌当前的两只老鼠，没有仓皇畏缩，没有夺路而逃，而是从容地交了交颈，然后一只老鼠咬住同伴的尾巴，像手拉手过马路的小孩一样，从从容容地进行这场"战略转移"。

众人惊愕地看着，议论着，一时竟忘了挥拳擦掌围剿老鼠了。此时，突然有人喊："瞧，后面那只老鼠是瞎子！"

大家定睛一看，确实。于是明白了：在这大祸临头之时，那只健全的老鼠，不忍心丢下可怜的同伴，而把自己的尾巴送到了同伴嘴里，带领着它脱离险境。

人们的心一下子软了，不约而同地让出一条通道。眼巴巴目送两只老鼠胜利大逃亡。

不是老鼠过街人人喊打吗？今天怎么了？

为什么那只老鼠如此疼爱瞎老鼠呢？它们是什么关系？大家正七嘴八舌，我的朋友莞尔一笑，说：

"猜它们是夫妻关系的，一定有一颗银子般的心；

猜它们是母子关系的，一定有一颗金子般的心；

而猜它们没有关系的，一定有一颗钻石般的心。"

"爱"是用心造就的艺术品。用心会让你懂得如何去爱！用心会让你懂得什么是爱！

用心的爱是最珍贵的爱！

# 壁虎的情谊

这是发生在台湾的事。

有人装修房屋，在拆开墙壁时，却发现一只壁虎被困在墙壁的夹层中动弹不得。原来，从外面钉进来的钉子，穿透了它的一条腿。日式住宅的墙壁，通常是中间架了木板，两边再抹上泥土。那人见此情景，又可怜又好奇。他仔细看了看那根钉子，天啊！那是十年前盖这所房子时钉进去的。

壁虎竟然困在墙壁里活了整整十年！简直不可思议。继而他又寻思，壁虎的腿被钉住了，一步也跨不得，它靠什么撑过了这十年？

他暂停了装修，以探究竟。过了不久，不知从哪里又钻进来一只壁虎，嘴里含着食物，向被钉住的壁虎跑去。他愣住了。那一只壁虎竟然在十年的岁月里，一直不停地衔取食物喂养被钉住腿而不能移动的同伴。

它们之间是什么关系？是父子，是朋友，是夫妻，是手足，这已经不重要了。

他被深深地震撼了，立刻小心翼翼地拔出钉子，壁虎蹒跚地离去了。

多么幸运的壁虎啊，同伴的忠贞不渝救了它。

永远不要放弃生命！

永远不要漠视生命！

赵中国　改写

# 老牛乞水

故事发生在青海一个极度缺水的沙漠地区。

这里，每人每天的用水量严格限定为 1.5 千克。日常生活用水，包括牲畜，全靠这 1.5 千克水。可就这点水，还得靠驻军从很远的地方运来。

人缺水不行，牲畜也一样。

有一天，一头被人们认为憨厚、老实的老牛渴极了，竟挣脱了缰绳，强行闯入沙漠里唯一的、运水车必经的公路。

运水的军车开来了。

老牛迅速冲上公路，军车立即紧急刹车。

老牛沉默地立在车前不动，任凭驾驶员呵斥驱赶，也不肯挪动半步。

五分钟过去了，双方依旧僵持着。

人和牛，长时间耗着，造成了长达千米的堵车。其中有个司机急得团团转，他点燃一把麦草来驱赶老牛，可老牛还是一动不动。

老牛的主人风风火火地赶来了。他扬鞭狠狠抽打瘦骨嶙峋的牛背。牛被打得哀叫不止，可就是不肯让开。牛背抽出血了，老牛的凄厉哞叫和着阴冷的朔风，回荡在大漠尘烟中，呼啸在戈壁黄沙里。

见此情景，运水战士哭了，点燃麦草的司机也哭了。运水的战士说：

"让我违反一次规定吧，我愿意接受处分。"

他从水车上取出半盆水——1.5 千克左右，放在老牛面前。

可出人意料的是，老牛并没有喝那以死抗争得来的水，而是对着夕阳，仰天长哞。大家正惊异时，只见不远处沙堆后面跑出一头小牛犊。

受伤又干渴的老牛，慈爱地看着小牛犊贪婪地喝完水。老牛伸出舌头舔着小牛犊的眼睛，小牛犊也舔着老牛的眼睛。人们在沉默中，似乎看到了老牛母子眼中的泪水。老牛和小牛犊在人们的寂静无语中，掉转头，慢慢地向不远处的村落走去……

人需要水，动物需要水，人间需要水。

天下人都需要爱的江河之水。

张进

# 猫，哭了

我第一次看到动物的泪，是我家一只老猫的泪。

老猫已经在我家许多许多年了，不知它生下了多少子女，也不知它已有多大年纪。

我们全家人每天都要与它一起戏耍。在它还是一只小猫的时候，我们引逗它在地上滚来滚去。后来，它渐渐长大了，我们又把它抱在怀里，抚摸它那软软的绒毛。

我们和它太亲热了，它已经离不开我们的抚爱了。家里的人无论是谁，只要一天没摸它一下，就是到晚上它也要找到那个人，无声地卧在他的身边，等待他的亲昵。直到那个人抚摸了它，哪怕只是一下，它才心满意足地慢慢走开。

多少年过去了，老猫老了，行动变得迟缓了。它每天只是在屋檐下卧着，无论我们怎样引逗它，也不肯活动。有时，它懒懒地看上我们一眼，就又毫无表情地闭上了眼睛。

母亲说，老猫的寿限到了。老猫一天一天更加无精打采了，不是在屋檐下，就是在窗沿上静静地卧着，似在睡，又似在等着那即将到来的最后的日子。

那天，我靠近它走过去的时候，突然发现，老猫的眼角处，凝着一滴泪珠。它哭了。

母亲急忙走了过来，谁料这只老猫一看到母亲向它走来，立刻挣扎着站起来，用最后一点力气，一步一步地向屋顶爬去。老人们说，老猫是从不在主人家里死去的。

老猫悄无声息地走了，走到不知什么地方去了。我们都戚戚然。

动物也是有感情的，让我不能忘怀的是老猫的那滴眼泪，那滴留恋生命的泪，那滴留恋亲人的泪。

张进

# 为悲伤系上蝴蝶结

下面是青春飞扬俱乐部主任吴华，在一次聚会时，给大家讲述的故事。

朋友们，我最近陷入了深深的思考，喜和忧，沉郁和希望纠缠在一起。昨天我的同学从台湾归来，给了我一篇获得台湾社区1990年文艺征文社会组第一名的文章，让我痛痛快快地哭了一场，泪水冲走了所有的疑虑和阴郁。瞧，今天我又和太阳一起起床，又想对着太阳歌唱。其实这是一个很悲伤的故事，但充满了美好的生命的力量和高尚的人格、美德。引起我对我们的民族由衷的热爱……对不起，假如我在转述这个故事的时候失态，比如哽咽或者甚至哭出声来，请你们原谅，因为我也是妈妈和奶奶。不，我相信这个故事会让所有的中国人潸然……

一位住在宝岛的年轻的妈妈，我不知道她的名字和职业，或许她是位教师，这是我的职业认同感。她什么职业并不重要，重要的是她的生活态度。她是一位平凡又崇高的母亲……

她一定幸福过，美满的婚姻，美丽、聪慧的小女儿……可惜这幸福打破得太快。一切年轻女人应有的幸福，几乎一夜破碎……她的丈夫（一定是位爱家爱工作的有为的先生）在一次车祸中丧生，幸而她有一个可爱、美丽的三岁独生女儿，和她相依为命，度过了三年。我想，这三年对于她一定漫长而又短暂，思念的苦涩和对女儿的期望塞满了所有的日子。盼哪盼哪，好容易女儿非常懂事了，成为她最可心的生命伴侣，却祸从天降，女儿患了血癌，我们叫做白血病，这是很凶险的病。

女儿住院治疗了，妈妈的心也住进了炼狱。她开始写日记，记载孩子病情的变化和自己心路的曲折。这一切不用说是怎样地难受与无奈。眼看自己最心爱的宝贝女儿一天天在化疗的过程中，浓发消损，直到一把把地陨落，只好戴一顶小花布帽，来掩住那小仙女本来美丽无比的秀发。孩子毕竟是孩子，她在病痛中，仍渴望吃冰激凌、晒太阳、渴望到国父纪念馆（中山先生纪念馆）广场去溜冰（滑轮鞋）。外婆对她说，这一切都好办，只要你病好了。作为妈妈，她知道自己的心肝宝贝女儿正一天天走向另一个世界，去和她的父亲会合。她希望留住女儿的生命，多留一天是一天。而女儿却想像一只自由的小鸟在人世里飞翔。妈妈希望女儿能忍受住一切医治的痛苦，虽然女儿的痛苦像刀一样剜她的心。孩子却想着病床外那广阔的天空。于是，母女俩有一段像是被河流分开的两岸，默默对立着，彼此折磨。我想，现在小姑娘当初所有没有实现的最微小的愿望，都成了妈妈最刺心的悔恨和伤痛，或者在小女儿的墓前，总会摆满花朵、冰激凌和美丽的滑轮鞋……

孩子的病一天天加重，所有的治疗手段都无力回天。女儿原本清澈明亮的眼睛开始充血，舌头出现了血包，身体软绵绵的，力气仿佛全泻了出来。妈妈抱着她去看了一场电影：《狮子王》。回到医院，女儿说："妈妈我也要像那头狮子一样勇敢！"她一定是想到了那最后的结局。她才六岁呀！

几天后，她隔壁病房的小姐姐姗姗走了。几天前，八岁的姗姗曾经在电视里出现过，小姑娘一眼便认出她："妈咪，那是姗姗姐姐耶！"姗姗拿着一张按了手印的捐献器官的自愿书，说，假如她的手术不成功，愿意捐出自己的器官，给需要的人，让那些器官再活一次。荧屏里一个满脸阳光的女师父拥抱着她，说："孩子，你好勇敢，好有爱心耶！"那时候，女儿庄严地说："妈咪，我也要像姗姗姐姐一样勇敢！"她满眼泪水，苍白的脸上，竟泛起了红晕。但是妈妈的心碎了：女儿已经意识到自己正走在最后的路上。妈妈一夜没睡。黎明，妈妈拉开窗帘，看着女儿苍白的脸，心痛地转过头去，看到晨光把窗外绿树上的蛛网照成银色，露珠里还躲藏着来不及逃走的昨夜的月光，忽然产生了希望：一个新的黎明或许会给勇敢、纯净的小女儿带来新的生机。她盼望着她们哪怕病病歪歪地一起度过十年、二十年……请原谅我的泪水……

可是，可是那一天终于到来了……实在对不起，我做了几十年教师，最不能忍受的，就是一个个鲜活的年轻的生命消失……

孩子在一个清晨离去。她轻轻地呻吟着，颤颤地伸出手，失明的双眼迷离地望着这个世界，妈妈、奶奶和外婆含泪围着她。妈妈用尽最后一点力气，哑着嗓子轻声问道："宝贝，你愿不愿意像狮子王，像姗姗姐姐那样勇敢，那样有爱心？"

孩子的眼睛闭上了，但就在那一刹那，她坚定地点了点头，一滴眼泪顺着眼角掉在了枕头上——她愿意捐出自己身上有用的器官救别人，让自己再活一次！可是，由于病情凶险，孩子全身的器官都坏了。妈妈思虑再三，最终将孩子的遗体捐给医学院。妈妈说，宁可女儿身上被划上十刀、二十刀，也不希望学生们日后做了医生在病人身上错划一刀。只有这样，自己的悲伤才能系上一个蝴蝶结。

谢谢大家听完这美丽又感人的故事，我已经看见你们眼中晶莹的泪光。我想代表大家向在天际遥望家乡的小姑娘问好，祝她快乐地度过无限的永年；也向这位年轻的妈妈奉上至诚的敬意，您高尚的品德应当受到所有中华儿女的仰视。愿您幸福永远！

# 七、终　曲

# 恕的力量

哲学家周英杰的第二次讲演，2012 年 12 月 28 日

**周英杰**：非常高兴在这辞旧迎新的关口，和大家一起谈谈伦理道德问题。这是个非常有意思，又非常复杂的问题。我的谈话很长，从猴子变人开始说起。（故作沉吟，转而诙谐）大家一定在心里骂我。所以，我只能简短地说。（笑声、掌声）看来大家不喜欢口若悬河、"忽悠大师"、官样文章。

今天是几号？（有人答：12 月 28 日，星期五）对，离 2013 年还有三天。从 2013 年算起，时光倒流二十年，世界上发生了一件事。这事说小就小，甚至可以忽略不计；说大，关乎人类伦理道德的最高标准。1993 年，《全球伦理——世界宗教议会宣言》提出把孔子的"己所不欲，勿施于人"作为伦理金律。朋友们，"伦理金律"呀，等于说是人类伦理道德的最高标准，要永远奉行！神圣啊！

《论语·卫灵公篇》说："子贡问曰：'有一言而可以终身行之者乎？'子曰：'其恕乎！己所不欲，勿施于人。'"有一天，孔夫子的学生子贡问孔子：有没有一句话可以一辈子坚守奉行的呢？孔子说：有哇，那就是恕啊！你自己不愿意的不要硬塞给别人！

"恕"的含意深远而广阔，一般理解为宽恕，宽宏，胸襟辽阔，能忍能让，"宰相肚里能撑船"；孔子总结为"己所不欲，勿施于人"。准

确、精彩之至。有人专把自己不愿意的、不想要的、不愿看的，以各种名义塞给别人，还蛮不讲理，不要不行。你不要，就打你整你，这就是霸权主义大国的行事原则。两千多年前，孔子就指出了今日霸权主义的特色，所以我们应当尊敬他。

世事变幻，今天有人、有国家反其意而用之："己之所欲，必施予人。"凡是我喜欢的就硬塞给别人。你不要不行，不然我就给你弄一场"颜色革命"，闹一场内战，而且有冠冕堂皇的理由。孔子的高明处，在于"己所不欲，勿施于人"包含了正反两面的意思。难道这不是穿越时空的思想吗？历史证明，谁能做到"恕"，做到"己所不欲，勿施于人"，谁就有力量。一个人做到了就是伟人；国家做到了就是先进的、美好的国家；民族做到了，就是伟大和谐的民族。

今天的世界上也有一位受到全人类尊敬的伟大人物，他高贵的人格、纯洁神圣的奋斗目标、宽宏的心胸，受到人们的爱戴，他就是南非第一任民选的黑人总统纳尔逊·曼德拉。

1918年7月18日，曼德拉生于南非的特兰斯堡的一个贵族家庭，全名纳尔逊·罗利赫拉赫拉·曼德拉（Nelson Rolihlahla Mandela）。他年轻时就是反对南非白人种族隔离主义政府的斗士，是非洲国民大会的武装组织"民族之矛"（Umkhonto we Sizwe）的领袖。当时的南非法院以密谋推翻政府等罪名将他逮捕。依据判决，曼德拉在牢中服刑二十七年，其中的大多数日子是在罗本岛度过的。

罗本岛是一座孤悬于海上无人居住的荒蛮小岛，到处是海豹、毒蛇和其他危险的动物。曼德拉被关在一间小小的锌皮房里，夏天的炎热、冬天海上吹来的寒风都无情地摧残着他的身体。他还要从事繁重的劳动：白天要去采石头；冬天，要下到冰冷的海里捞海带。夜晚则被剥夺了一切自由，陪伴他度过寂寂长夜的只有海浪拍打岛礁的声音。

以格里高为首的三个狱卒，还经常侮辱他，动不动就用铁锹痛打他，甚至故意往饭里泼泔水，强迫他吃下……

政府以为这样就会消磨尽曼德拉的斗志，使他屈服。但他却愈加坚强，在牢房里跑步、做俯卧撑，锻炼身体；在海涛声中，在苦役的间歇，思考人生和国家、民族、人类的大事。全世界正义的人们都向他致敬，谴责种族隔离主义政府的暴行。在南非，他被昵称为马迪巴（Madiba），这是曼德拉家族中长辈赠给他的荣誉头衔。这个称谓也变成了纳尔逊·曼德拉的同义词。

全世界要求释放曼德拉的声音像巨浪在怒吼，如暴风在咆哮。南非政府不得不宣布无条件释放曼德拉。1990 年 2 月 11 日，他终于走出罗本岛的锌皮房。出狱后，曼德拉转而主张民族和解，并在推动多元族群民主的过渡时期挺身而出，领导南非。

1994 年 5 月，曼德拉以绝对优势，当选为南非历史上第一位黑人总统。当年 5 月 11 日他宣誓就职。在全国的欢乐中，只有三个人心怀恐惧，胆战心惊地等待着牢狱之灾。他们就是格里高和他的两位同伴。想起二十七年来怎样处心积虑地折磨曼德拉，他们就寝食难安。谁知，他们却在新总统就职典礼的前几天收到了曼德拉亲笔签名的邀请信，请他们作为贵宾出席典礼。他们只好满心忐忑地去往首都。

5 月 11 日，当欢呼声暂停，庄严的乐声响起，曼德拉开始了他永载史册的就职宣誓和动人心魄的演说。他说："医治创伤的时刻已经到来，弥补分歧的时刻已经到来，重建国家的时刻已经到来。"曼德拉强调实现民族和解和国家重建是他和新政府的神圣责任。他希望全体南非人民要为治愈南非的创伤和实施重建、发展计划共同努力。他最后说，作为南非民主选举的总统，他将努力把南非引向不断的前进。

接着，他动情地说："在这庄严的时刻能够接待这么多尊贵的客人，我深感荣幸。可更让我高兴的是，当年陪伴我在罗本岛度过艰难岁月的三位狱警也来到了现场。"他把格里高三人介绍给大家，并与他们一一拥抱。他说："我年轻时性子急，脾气暴，在狱中，在他们三位的帮助下，我才学会了控制情绪。"

曼德拉这出乎所有人预料的举动，让虐待了他二十七年的三人无地自容，更让所有在场的人肃然起敬。人群中爆发出经久不息的掌声。

仪式结束后，曼德拉再次走到格里高的身边，平静地说："在走出囚室，经过通往自由的监狱大门的那一刻，我已经清楚，如果自己不能把悲伤和怨恨留在身后，那么我其实仍然在狱中。"

格里高禁不住泪流满面，那一刻，他终于明白，告别仇恨的最佳方式是宽恕。他深深地为曼德拉高尚的品德而折服。

自然，曼德拉作为人类良知的代表将永远为人类所纪念，正如孔子连同他的思想理念永世长存一样。我们甚至可以说，曼德拉的宽宏也是孔子"恕"的理念的发扬，他是一位现代伦理金律的践行者。他与孔子虽然隔着悠远的时空，但人类深邃的思想和其践行者之间，没有时空和血缘的阻隔，这就是人类会不断地踏平障碍，继往开来，不断前进的全部秘密。不知各位乡邻是否同意我的看法。谢谢大家！（热烈的掌声）

余平夫

2013 年 8 月 20 日

编者按：在本书付梓前，惊闻曼德拉在南非当地时间 2013 年 12月 5 日仙逝，谨向这位人类良知和美德的楷模奉上崇高的敬意和诚挚的悼念。相信他的名字会永久镌刻在人类的文明史中，如一颗璀璨的明星，照亮漫长的未来。

# 尾　声

　　2012 年 12 月 31 日，星期一。阳光灿烂。社区的小广场上集聚起一支上千人的队伍。一百多个飒爽英姿的男女青年站在队列的前排。他们身后是养育了他们的父亲、母亲和亲人。这里将要举行社区青年的成年典礼。国旗升起来了，在金色的阳光下，迎风飘摆。

　　青春飞扬俱乐部的主任吴华，代表社区全体乡邻致辞，寄语青年记住这个日子，在人生的道路上，踏破艰难险阻，怀揣民族、祖国和前辈的期待，不断向前。梦在心里，路在脚下，功在手中。扬起头来前进！接着，颁发《成年手册》。内容有国旗、国徽、十八岁年月日、父母签名、青春寄语、社区乡邻的期勉。最后是国歌《义勇军进行曲》。

　　社区请来科学家、劳动模范、美德人物、中学教师，为每个步入成年的男女颁发《成年手册》。庄严肃穆。那氛围让人激动不已。礼成。再一次响起国歌声。蓝天白云，阳光璀璨。人们满含热泪仰望国旗。风中，旗帜那样美丽，那般鲜红……

# 编后感言

　　喧嚣和噤口大多都非真正的民意，平凡而切实的行动往往是吾国吾民的特质。不要为一些刺耳的叫喊和污浊的行为而大动肝火。朴实而坚毅的道德之火，无论怎样漫天的沙尘和无尽的狂风暴雨都不能熄灭，永久地在一代代民众的心中延烧。仰视那些如冷峻的山峰一般沉默的民众吧，他们的作为会让你心如炉火，泪洒江河。历史作证，与中华民族同生共进的优秀伦理道德，在自身和外来的否定乃至剿杀中，顽强挺立，延续至今。世上还有什么比她更让我们自信、自尊、自强的力量？！

　　仰视那些"草民"吧！他们是民族魂的体现者、继承者。抚摸他们的胸膛，凝视他们的眼睛，倾听他们的欢笑、细语，悲叹或者哀歌，尽心尽力地呵护他们如同呵护父母，我们的民族就会似青草年年葱绿，如流水滔滔不绝，与日月共辉煌，同天地共长久！

苏叔阳

2013 年 10 月 13 日